FOUR DECADES OF POVERTY REDUCTION IN CHINA

中国减贫四十年

驱动力量、借鉴意义和未来政策方向

DRIVERS, INSIGHTS FOR THE WORLD, AND THE WAY AHEAD

国务院发展研究中心
世界银行
著

中国发展出版社
CHINA DEVELOPMENT PRESS

图书在版编目（CIP）数据

中国减贫四十年：驱动力量、借鉴意义和未来政策方向 / 国务院发展研究中心, 世界银行著. —北京：中国发展出版社，2022. 8

ISBN 978-7-5177-1289-3

Ⅰ. ①中… Ⅱ. ①国… ②世… Ⅲ. ①扶贫—研究—中国 Ⅳ. ①F126

中国版本图书馆CIP数据核字（2022）第065668号

书　　　名：中国减贫四十年　驱动力量、借鉴意义和未来政策方向
著作责任者：国务院发展研究中心　世界银行
责 任 编 辑：吴　佳　王海燕
出 版 发 行：中国发展出版社
联 系 地 址：北京经济技术开发区荣华中路22号亦城财富中心1号楼8层（100176）
标 准 书 号：ISBN 978-7-5177-1289-3
经　销　者：各地新华书店
印　刷　者：北京市密东印刷有限公司
开　　　本：889mm × 1194mm　1/16
印　　　张：7
字　　　数：100千字
版　　　次：2022 年 8 月第 1 版
印　　　次：2022 年 8 月第 1 次印刷
定　　　价：78.00元
联 系 电 话：（010）68990625　68990692
购 书 热 线：（010）68990682　68990686
网 络 订 购：http://zgfzcbs.tmall.com
网 购 电 话：（010）68990639　88333349
本 社 网 址：http://www.develpress.com
电 子 邮 件：15210957065@163.com

目　录

图

表

专 栏

前　言

过去四十多年来，按照世界银行每人每天1.9美元的全球绝对贫困标准衡量，中国的贫困人口减少了近8亿，占1980年以来全球减贫人数近75%。按照中国现行贫困标准，中国贫困人口减少了7.7亿。无论是以何种标准衡量，中国减贫速度和规模都史无前例。

为全面梳理中国的减贫成就，系统分析中国减贫的主要驱动力量，2019年，中国财政部、国务院发展研究中心与世界银行三方开展了联合研究，具体由中国国际发展知识中心和世界银行组成的联合课题组承担。本报告是这项研究的主要成果之一，涵盖了课题组数十篇背景报告和学术研究的主要内容。本报告分析了中国减贫的主要驱动力，总结了中国减贫经验对其他发展中国家的借鉴意义，并对中国的未来政策方向提出了建议。

本报告的主要结论是：中国解决贫困问题主要依靠两大支柱：一是基础广泛的经济转型发展，为贫困人口提供新的经济机遇，并不断提高平均收入水平；二是政府实施有针对性的扶贫政策来消除长期贫困，这些政策最开始瞄准因地理环境和机会缺失等原因影响发展的贫困地区，之后转为瞄准贫困人口实施精准扶贫。此外，有效治理是中国发展和减贫成就的基础，政府的可信承诺、政府部门之间的协调以及与非政府部门的合作为实现减贫目标提供了支撑。中国减贫还得益于改革开放之初的良好经济社会基础，例如比较充分的人力资本等。

本报告提出了一些可供其他国家借鉴的中国经验，包括注重教育、促进外向型发展、保持基础设施公共投资以及实施有利于市场竞争的结构性政策。报告还指出，中国的增长模式未来可能发生结构性转变，包括实现依靠消费和高价值服务业拉动增长的经济再平衡，转向碳中和的发展路径等，并讨论了这些转型对未来政策的影响。此外，报告还讨论了未来中国弥合城乡间教育差距、为农民工提供更高水平社会保护以及社会保障制度整合等必要性。

在历时两年多的研究过程中，课题组举办了一系列研讨会，与国内外相关专家学者开展多次讨论。课题组先后两次深入宁夏、浙江等地开展了20多天的实地调研，向当地政府了解过去四十多年减贫政策的变迁和成效。此外，本项研究还得到了中国国家统计局等机构在数据方面的大力支持。在此基础上，共完成20余份背景报告，其中既有科学的数据分析，也有具体的案例研究，还有对政策实施效果的客观评估。

本书是世界银行与国务院发展研究中心开展联合研究的又一项重要成果。自2012年出版《2030年的中国》以来，双方联合研究旨在系统梳理双方研究人员的观点，在关键政策问题上达成基本共识。开展联合研究不仅仅可以形成一份份报告，在此过程中双方通过深入讨论增进相互理解更为宝贵。我们希望《中国减贫四十年 驱动力量、借鉴意义和未来政策方向》一书能够深化国际社会对中国发展道路的理解，为世界减贫实践提供有益借鉴。

陆 昊

国务院发展研究中心主任、党组书记

曼努埃拉 · 菲罗

世界银行东亚和太平洋地区副行长

致　谢

本研究由中华人民共和国财政部（MOF）和世界银行联合倡议发起，由世界银行和国务院发展研究中心（DRC）牵头完成。作为中方执行单位，国务院发展研究中心直属机构中国国际发展知识中心（CIKD）与世界银行开展了紧密的合作研究。财政部部长刘昆、国务院发展研究中心主任陆昊和时任党组书记马建堂对报告进行了全面指导。财政部时任副部长邹加怡、财政部副部长余蔚平和国务院发展研究中心副主任张来明对报告进行了深入指导。中国国际发展知识中心团队由中国国际发展知识中心主任赵昌文和国务院发展研究中心国际合作局局长、中国国际发展知识中心时任常务副主任贡森领导。世界银行团队由世界银行中国、韩国和蒙古局局长芮泽（Martin Raiser），世界银行东亚和太平洋地区公平增长、金融和机构主任哈桑・扎曼（Hassan Zaman），世界银行东亚和太平洋地区贫困与公平项目经理林库・穆尔盖伊（Rinku Murgai）领导。

这份报告汇总整合了世界银行团队撰写的4篇技术论文、中国国际发展知识中心撰写的20篇背景报告和4篇委托报告。本报告由中国国际发展知识中心的赵昌文、贡森和梁晓敏以及世界银行集团的芮泽、玛丽亚・安娜・卢戈（Maria Ana Lugo）和叶仕澜（Ruslan Yemtsov）撰写。本报告邀请了许多国内外专家召开研讨会，对主要研究发现进行了深入讨论，并征求了中国有关部委的重要意见和建议，包括外交部、国家发展和改革委员会、工业和信息化部、人力资源和社会保障部、农业农村部、商务部、国家统计局、国家乡村振兴局等。本报告得益于项目领导和审稿专家们全面的评阅意见，特别是王小林、艾卡思（Sebastian Eckardt）、Samuel Freije-Rodriguez、Ruth Hill、安巴尔·纳拉扬（Ambar Narayan）、马图（Aaditya Mattoo）、Andrew Mason、菲利普·欧凯夫（Philip O'Keefe）。联合研究团队还组织了若干轮审稿会议、由背景报告和技术论文作者以及中国减贫研究领域相关专家参与的研讨会。此外，本报告也得益于黄旸、Yoonhee Kim、陈那（Ladisy Komba Chengula）、Ren Mu、Mark Roberts、王德文、Xiaolan Wang、赵峦、赵敏的贡献。中文翻译由庞密香完成，并由黄旸、牛驰宇、龙海波和梁晓敏审稿。在项目的多个阶段，康天秀都提供了大力支持。

中国国际发展知识中心背景报告和委托报告的作者包括（按姓氏拼音排序）：陈笑、贡森、胡登胜、华若筠、蒋希蘅、李秉勤（澳大利亚新南威尔士大学）、李苍舒、李实（浙江大学）、梁晓敏、刘常瑜、刘宸、龙海波、马天月、申秋、沈传亮［中共中央党校（国家行政学院）］、沈扬扬（北京师范大学）、王小林（复旦大学）、徐蒲合延、詹鹏（浙江大学）、周旅军（中华女子学院）、周太东、周雨以及朱清逸。

世界银行团队技术论文作者以及参与背景研究的人员包括：Samuel Freije-Rodriguez、约翰·贾尔斯（John Giles）、Hanchen Jiang、玛丽亚·安娜·卢戈、Dino Merotto、Ren Mu、牛驰宇、叶仕澜、Fuchang Zhao。

研究团队特别感谢中国国家统计局的支持，以及浙江大学李实教授和詹鹏副研究员的支持。研究团队还要感谢宁夏回族自治区固原市原州区、浙江省永嘉县对实地调研提供的支持，以及青海省民和县、河北省大名县和江西省寻乌县提供的数据支持。本团队得到中华人民共和国财政部领导层、世界银行管理层和国务院发展研究中心领导层的总体指导和建议。

执行摘要[①]

过去四十多年来，按照世界银行每人每天1.9美元的绝对贫困标准，中国贫困人口减少了大约8亿，占同期全球减贫人数的75%。2021年，中国宣布现行贫困标准下农村贫困人口全部脱贫，历史性地解决了绝对贫困问题，全面建成了小康社会。无论以世界银行标准还是中国现行贫困标准衡量，中国减贫速度和规模均前所未有。虽然消除了绝对贫困，但仍然有一定数量人口的收入低于中等偏上收入国家普遍采用的贫困标准。为此，中国确立了到2035年“全体人民共同富裕取得更为明显的实质性进展”的新目标。虽然中国尚未制定具体的指标，但毫无疑问，未来共同富裕政策将聚焦于低收入群体。

本报告聚焦中国过去四十多年帮助近8亿人口摆脱贫困的驱动力量及其借鉴意义，并对中国未来政策走向提出建议。本报告认为，中国解决绝对贫困问题的两大支柱是基础广泛的经济改革发展和政府主导的扶贫战略与政策。其中，基础广泛的经济改革发展为贫困人口提供了新的机会并提高了收入。政府主导的扶贫战略与政策是政府认识到需要对贫困地区和贫困人口进行有针对性的支持后，最开始瞄准因地理环境导致缺乏发展机会的地区，之后转向瞄准贫困人口的精准扶贫战略。精准扶贫战略在解决“最后一公里”问题方面发挥了积极作用。此外，有效治理是中国减

① 本书为财政部、国务院发展研究中心和世界银行联合研究报告的译文。英文版由世界银行负责出版。

贫成功的基础。政府的可信承诺、政府内部协调以及与非政府部门的合作为实现减贫目标提供了支撑（见图 1）。

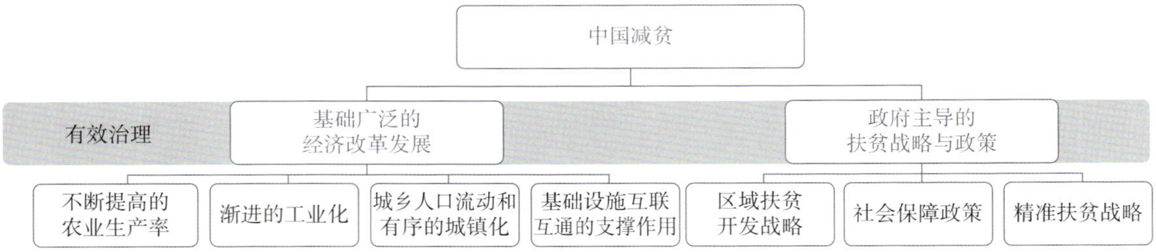

图 1　中国减贫主要驱动力

中国减贫史是经济社会发展史。自 1978 年改革开放以来，中国保持了数十年的经济快速增长，这部分得益于有利的初始条件，包括受过良好教育的健康人口、低生育率、高储蓄率和公平的土地分配制度；同时，改革开放政策发挥了不可替代的作用。中国与一些其他曾经实现过快速发展的经济体，特别是东亚地区经济体具备共同特征。中国改革开放政策的主要内容包括注重教育、实施外向型发展、重视基础设施投资、保持宏观经济稳定、实施与比较优势一致的结构性政策体系，以及支持市场竞争等，这些政策既有其特殊性，也与其他高速增长的经济体有共同之处。中国自 1980 年以来的减贫速度在一定程度上反映了中国的经济追赶过程。

中国经济快速增长伴随着基础广泛的经济改革发展。中国的改革发轫于贫困人口相对集中的农业部门。得益于引入市场激励机制，贫困人口生产率提高。低技能要求的劳动密集型产业为农业剩余劳动力提供了转移就业机会。城镇化进程有助于农民工[①]利用城市新机会，其向农村家庭的转移支付又提高了留在农村家庭的收入。由政府投资的基础设施改善了农村地区的生产生活条件，实现了农村、城市和出口

① 本报告指户籍仍在农村，主要在乡镇外从事非农业产业的劳动者。

市场的互联互通。这些领域的改革是渐进的，有利于企业和劳动者逐步调整并适应改革。

当贫困发生率低于10%以后，精准扶贫战略和社会保障体系开始发挥更重要的作用。2013年起实施的精准扶贫战略覆盖了从贫困识别到贫困退出的整个过程，对于帮扶谁、谁来扶、怎么扶、如何退以及防止返贫的各个环节做出部署。这一战略获得全政府、全社会的支持，有效解决了“最后一公里”的问题，对于消除绝对贫困意义重大。

中国减贫的成功还得益于有效治理。和其他东亚国家一样，中国拥有一个有能力、高效率的政府。中国政府对减贫目标做出可信承诺，并在政策执行过程中推动各层级政府和不同部门间的协调，积极动员非政府部门利益相关者之间达成合作。中国根据国情制定了相应的政策。广阔国土面积要求中央政府在政策实施中进行分权，地方性政策试验空间很大，地方政府之间竞争程度也很高。为了保持政策一致性，各级政府对政策试点开展了严格的监督和问责，同时对官员进行了强有力的行政激励。

消除绝对贫困并不是中国减贫事业的终极目标，未来政策重点需要转向缩小优质公共服务等方面的差距，解决长期存在的收入不平等和经济机会不平等问题，减少低收入群体因经济向绿色化、城镇化、服务业驱动转型而面临的风险。作为实现到2035年“全体人民共同富裕取得更为明显的实质性进展”政策框架的一部分，需要进一步调整国家低收入标准，以适应不断提高的国民收入水平。低收入人口帮扶措施需要与社会保障体系进一步深度融合，为低收入群体提供支持，降低少数群体获益过多的风险。这些政策取向已经反映在2021年政府工作报告[①]中，具体的行动

① 2021年国务院政府工作报告：http://www.xinhuanet.com/english/download/2021-3-12/report2021.pdf.

计划将在“十四五”期间制定并实施。

最后需要指出的是，本报告提出了在总结回顾中国减贫经验领域需要进一步研究的问题。第一，关于中国扶贫战略和政策究竟在多大程度上促进了贫困地区发展，以及减贫和增长之间关系等问题需要进一步分析，这与其他中等收入国家贫困地区的发展息息相关。第二，关于中国将地方性政策试点试验与强有力的绩效激励制度相结合的经验对于其他国家有何启示需要进一步分析，这将有助于理解分权模式和有效提供公共服务之间的关系。第三，关于中国精准扶贫经验、具体的政策干预效果及政策间相互作用需要进一步分析，这对于理解政策效果、效率和可持续性意义重大。广义上讲，分析政策干预的成本及收益有助于理解“算大账”的含义。这对于解释基础设施投资对减贫的影响，户籍制度和中国的城镇化等相关政策十分重要。在以上这些研究领域，应该鼓励国内外的研究者、政策界和学术界人士开展广泛交流，在更大范围内提供高水平实证研究所需要的数据。这些努力将有助于中国的减贫成就在世界范围内得到应有的关注和理解。

第一章

引　言

过去四十多年，中国经济增长和减贫的速度与规模都是前所未有的。以2010年国家贫困标准计算，1978—2019年，农村贫困发生率从97.5%下降到0.6%（见图2，左图）[①]，农村贫困人口从7.7亿下降到550万[②]，减少近7.65亿。换言之，在过去四十多年里，中国平均每年减少近1900万贫困人口（贫困发生率平均每年降低2.4个百分点）。根据世界银行每人每天1.90美元的贫困标准衡量，中国贫困发生率从1981年的88.1%下降到2018年的0.3%，大约8亿人口脱贫。如果使用中等偏下收入国家和中等偏上收入国家普遍使用的更高贫困标准计算，中国的贫困发生率也呈现快速持续下降的趋势——虽然慢于2010年国家贫困标准下的减贫速度（见图2，右图）。2021年2月25日，

① 中国只在农村人口中定义贫困。这反映了一个长期以来的观点——在中国城市贫困人口比例很低，贫困"基本上是一种农村现象"（Naughton，2018）。考虑其可比性，本报告采用了国家统计局《中国统计年鉴》中使用的"2010年国家贫困标准"。事实上，中国在过去四十多年里还使用过其他两个标准，分别是1978年的贫困标准（按购买力平价计算相当于1985年的206元/年）和2008年的贫困标准（按购买力平价计算相当于2000年的865元/年）。这两个标准与当时中国的收入水平相匹配。如果使用这两个较低的贫困标准衡量，虽然20世纪90年代到21世纪初贫困发生率下降速度趋缓，但整体仍然呈现出持续下降的趋势。

② 来自2019年《中国统计年鉴》中的贫困人口数量。与2012年之前的农村家庭调查所使用的抽样框一致，贫困人口数量的计算还考虑了居住在城市地区但拥有农村户籍的人口。

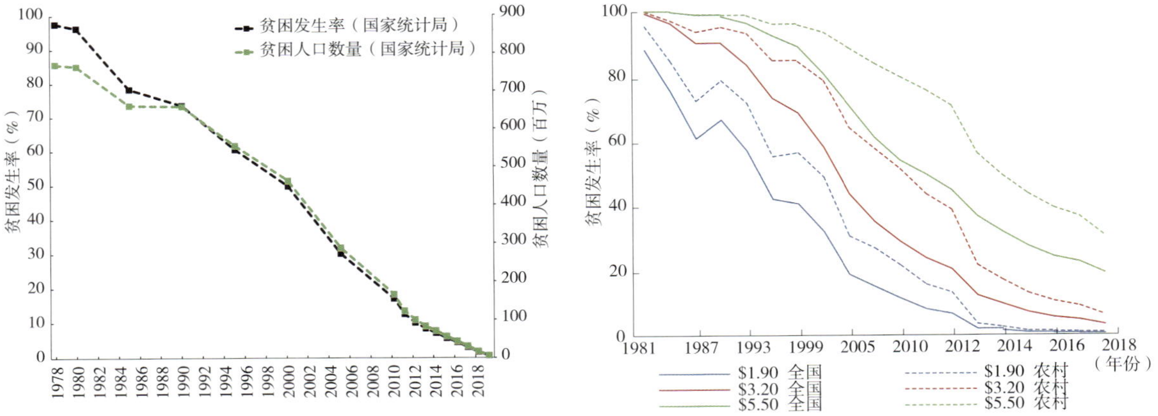

以 2010 年国家贫困标准衡量（1978—2019 年）　以世界银行贫困标准衡量（1981—2018 年）

图 2　中国贫困状况持续改善

资料来源：Lugo 等（2021），左图：来自国家统计局《中国统计年鉴》2010 年国家贫困标准（按照 2011 年购买力平价为每人每天 2.3 美元）下的农村贫困发生率。右图：1981—2018 年数据来自贫困测量工具 PovcalNet，世界银行贫困标准为每人每天 1.90 美元，中等偏下收入国家的标准为每人每天 3.20 美元，中等偏上收入国家的标准为每人每天 5.50 美元

中国政府宣布实现了“消除绝对贫困”的目标[①]。

改革开放四十多年来，中国的各项福利指标改善明显。改革开放初期，中国人口平均预期寿命为 66 岁，远超其他发展中国家（联合国开发计划署，2019），处于有利的发展起点。在此后的四十多年里，人民健康水平持续提升，2019 年中国人口平均寿命接近 77 岁，婴儿死亡率从 1978 年的 52‰下降到 2019 年的 6.8‰（世界发展指标，WDI）。早在 1978 年之前，中国教育事业发展水平就已高于同类型国家。改革开放后，随着基础教育和中等教育逐步普及，中国教育水平进一步提高。到 2010 年，中等教育入学率已达到 88%。虽然中国当时人均国内生产总值水平远低于巴西和南非等中等偏上收入国家，但中等教育入学率指标与这些国家的差距不大。1982—2010 年，完成初中教育的成年人比例从 22.8% 增长到 65.3%，提高近两倍（世界发展指标，WDI）。

① http://www.xinhuanet.com/english/2021-02/26/c_139767705.htm.

总体来看，过去四十多年不断提高的人类发展指数排名体现了中国在收入、健康和教育等方面的大幅改善。中国人类发展指数排名从 1990 年的第 106 名（共 144 个国家）提升到 2019 年的第 85 名（共 189 个国家），与其他大型发展中国家的差距不断缩小（联合国开发计划署，2019）。在过去四十多年里多维（非货币）贫困也有所改善，中国多维贫困人口比例从 2002 年的 12.5% 下降到 2014 年的 3.9%（联合国开发计划署，2020）。

中国消除绝对贫困具有重要的世界意义。中国的减贫成就不仅帮助世界实现了千年发展目标，还提前十年实现了联合国第一个可持续发展目标——目标 1.1 消除极端贫困。1981—2017 年，按照世界银行每人每天 1.9 美元的贫困标准，全世界平均每年减少近 3400 万贫困人口，其中 2400 万来自中国的贡献，中国减贫人数占全球摆脱极端贫困总人数的 3/4（见图 3）。整体上看，中国的减贫进程始终领先于世界其他国家。

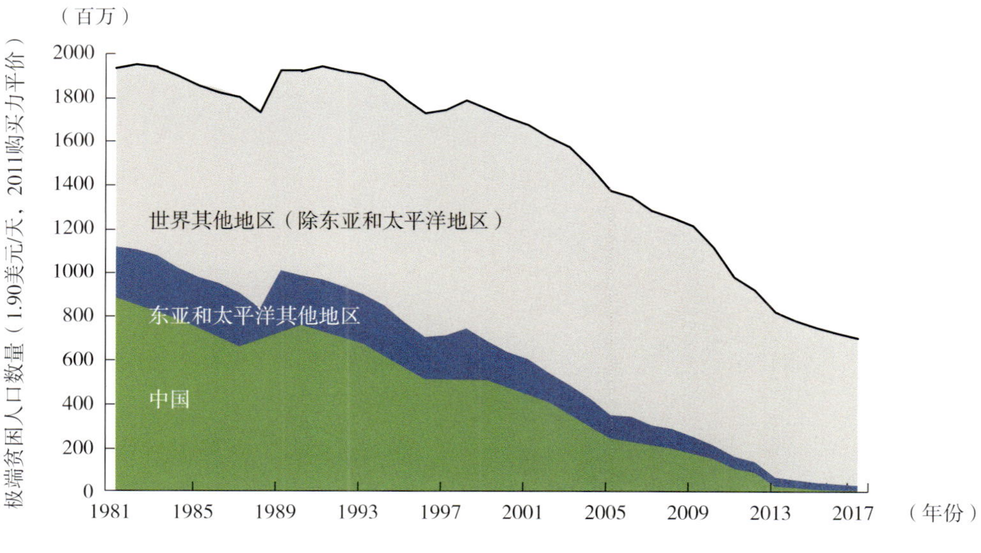

图 3 1981 年以来中国对世界减贫的贡献率接近 3/4

资料来源：Lugo 等（2021），根据世界银行（2018a）PovcalNet

本报告梳理了过去四十多年中国减贫的实践和经验，并描述了其主要驱动力。本报告使用定量和定性相结合的分析方法，并对现有文献进行了系统梳理[①]。为更好地了解政策效果、充分理解政策制定和实施过程，报告撰写过程中还对宁夏回族自治区固原县（现原州区）和浙江省永嘉县两个样本县的家庭、村庄、企业、县级政府工作人员进行了深入访谈。此外，本报告还讨论了中国消除绝对贫困后的政策走向。与多数国家不同，由于城市贫困人口比例历来极低，中国官方只针对农村地区定义了贫困[②]。本报告主要聚焦于提高农村人口生活水平的因素，旨在为其他国家读者介绍中国的减贫工作，并为中国未来政策制定提供建议。

本报告的结构如下。第二章描述了1978年后四十多年来经济转型发展和减贫之间的关系，并说明了家庭收入构成各个部分对减贫的贡献程度。第三章论述了中国基础广泛的经济改革发展的驱动力，即不断提高的农业生产率、渐进的工业化、城乡人口流动和有序的城镇化，以及基础设施的支撑作用。第四章总结了政府主导扶贫战略和政策的作用，包括以发展为导向的区域扶贫开发战略、社会保障政策和精准扶贫战略。第五章讨论了中国的减贫经验及其对全球的启示。第六章讨论了中国未来减贫政策可以聚焦的议题。第七章是总结。

① 关于中国减贫的文献数量众多。本报告的目标不是全面梳理相关文献，而是发现关于中国减贫的驱动力的研究中，在哪些方面已经达成一致、在哪些方面仍然有不同意见、在哪些方面仍然需要进一步研究。

② 例如，Chen 和 Ravallion（2020）估计，如果考虑生活成本的差异，根据当时的贫困标准，1985年城市地区的收入贫困发生率低于1%，而农村地区为24%。

第二章

中国减贫四十年[①]

中国自20世纪70年代末开始的减贫历程，从根本上得益于经济改革发展，精准扶贫战略是在此基础上的有效举措。1978—2020年，中国人均国内生产总值年均增长8.2%，贫困发生率年均下降2.3个百分点。[②]全方位的改革发展政策刺激了经济快速增长，进一步提高了农业生产率，扩大了非农部门规模，从而创造了更多更好的就业机会。随着人口转型加速、农村向城市迁移的人口不断增加，以及基础设施、教育和医疗服务可及性显著改善，贫困人口抓住了因经济结构改革而涌现的新发展机会。近十年来，随着农村贫困人口比例下降到10%以下，精准扶贫政策变得更加重要。

1978年起，农村地区贫困状况持续改善。根据2010年国家贫困标准，1978—2019年以来中国平均每年有1866万人口脱贫（见表1）。2000—2010年，中国国内生产总值年均增速接近10%，每年有将近3000万人口脱贫，是减贫速度最快的时期。2010年之后，虽然经济增速放缓，但减贫进程仍保持强劲势头，说明中国减贫具有更高的经济增长弹性。2013年起，随着农村贫困发生率降至10%以下、人均国内生产总值增速放缓，贫困人口年均降幅也自然随之下降。

① 基于中国国际发展知识中心《中国减贫的战略演进与内在逻辑》的第一章以及Lugo，Niu和Yeratsov（2021）。

② 基于国家统计局《中国统计年鉴》。

表1 1978—2019年减贫与经济发展

年份	农村贫困						人均GDP增长（%，年化）	贫困增长半弹性	贫困增长弹性
	贫困人口（百万）	贫困发生率（%）	变化						
			时间段	绝对变化		相对变化			
				贫困人口（百万/年）	贫困发生率（百分点/年）	贫困发生率（%，年化）			
1978	770	97.5	—	—	—	—	—	—	—
1990	658	73.5	1978—1990	−9.3	−2.0	−2.3	7.5	−0.27	−0.31
2000	462	49.8	1990—2000	−19.6	−2.4	−3.8	9.3	−0.26	−0.41
2010	166	17.2	2000—2010	−29.7	−3.3	−10.1	9.9	−0.33	−1.02
2013	82	8.5	2010—2013	−27.7	−2.9	−20.9	7.9	−0.37	−2.66
2019	6	0.6	2013—2019	−12.8	−1.3	−35.7	6.3	−0.21	−5.64
—	—	—	1978—2019	−18.7	−2.4	−11.7	8.4	−0.28	−1.40

资料来源：Lugo等（2021），贫困发生率根据2010年国家标准计算，数据来自国家统计局的《中国统计年鉴》。人均国内生产总值增长为2010年定值美元标准换算，数据来自世界发展指标（WDI）。贫困增长弹性是指人均国内生产总值变化一个百分点导致的贫困发生率百分比变化。贫困增长半弹性是指人均国内生产总值变动一个百分点导致的贫困发生率百分点变化

经济每增长1个百分点，中国农村贫困发生率平均降低1.4%。经济快速持续增长使各阶层收入大幅增加，发展成果得以共享。然而，中国在经济增长转化为减贫的效率（贫困的增长弹性）这一指标上表现并不突出。由于城乡差距以及地区间差距不断加大，中国经济快速增长的同时不平等也在加剧。至少在2010年以前，不平等削弱了经济增长的减贫作用。中国收入基尼系数从20世纪80年代中期的30上升到2008年的49.1，之后逐年下降。[①] 假设1990—2010年中国不平等状况没有变化，贫困发生率的下降会比实际值多6个百分点（见图4，左图）。如果我们在模型中控制不平等状况，中国人均国内生产总值的贫困增长弹性是−2.7，比未控制不平等状况时的估计值−1.45要高很多（Lugo等，2021）。[②]

① 1981—2001年基尼系数来源：Ravallion和Chen（2007）根据国家统计局数据计算得出。2003—2019年数据来自国家统计局住户调查年鉴。

② 现有研究还未明确是否可以在较低的不平等水平下实现高增长。刺激个人和区域投资等经济发展动力的举措可能导致不平等。邓小平有句名言："让一部分人先富起来。"Kuznets（1955）指出了在发展过程中不平等加剧的可能性。本报告并不旨在就此得出结论。尽管如此，图4左图中的分解表明直到2010年，一直是经济增长推动减贫，而不平等削减了增长的减贫效果。

中国减贫成就引人瞩目不仅仅是因为其有能力将经济增长转化为减贫成效，更重要的是，中国经济实现了不同寻常的持续高速增长。与其他拥有20年以上统计数据的国家相比，虽然巴基斯坦、印度尼西亚、南非和巴西等国家的贫困半弹性[①]更高，但中国在这一指标上的表现也已经相当出色。中国更加独特之处在于它有能力在过去四十多年实现经济持续高速增长（见图4，右图）。[②]

是什么推动了中国的减贫进程？将不同收入来源对贫困发生率的贡献进行分解，我们概括出以下特征：

在早期贫困发生率极高（超过农村人口总数的4/5）时，农业收入增长是减贫的主要驱动力。从家庭收入结构看，1988—2007年，劳动收入增长对减贫的贡献最大（见图5，左图）。在改革开放早期，农业生产率提高是促进减贫的最重要因素。[③]1988—1995年，绝大多数农村劳动力（超过4/5）仍从事农业，农业部门人均实际收入以每年8%的速度增长。

自20世纪90年代中期以来，农村地区和城市地区非农部门的扩张、生产率快速提高以及非农就业人员收入增长在减贫方面发挥了更加显著的作用（见图5，右图）。正如后文中讨论的内容，有证据表明乡镇企业崛起（Naughton，2007；Riskin，1987）、政府投资增长（Fan等，2004，2005）、产业结构调整、农民工向沿海城市转移就业是提高家庭收入、帮助数百万人摆脱贫困的关键因素。

从区域层面看，四十多年来，脱贫人数最多的地区从沿海转为中西部地区。20世纪80年代中期，建立经济特区、开放沿海城市的目的是提高国际贸易参与度和吸引外资，以促进相对发达的沿海省份发展。1999年，东部地区的人均国

① 如果考虑平均收入的贫困半弹性或弹性、人均国内生产总值的贫困弹性等指标，中国的排名位置基本不变。

② 世界银行（2009）研究了25年来年增长率超过7%的经济体。中国是拥有这一特征的13个经济体之一。巴西、印度尼西亚和南非（包括在图4右图中）也在该群体中。但在那些有长期贫困数据的国家中，考虑到更长的时间跨度，中国确实不同寻常。

③ 参见Ravallion和Chen（2007），Montalvo和Ravallion（2010）。

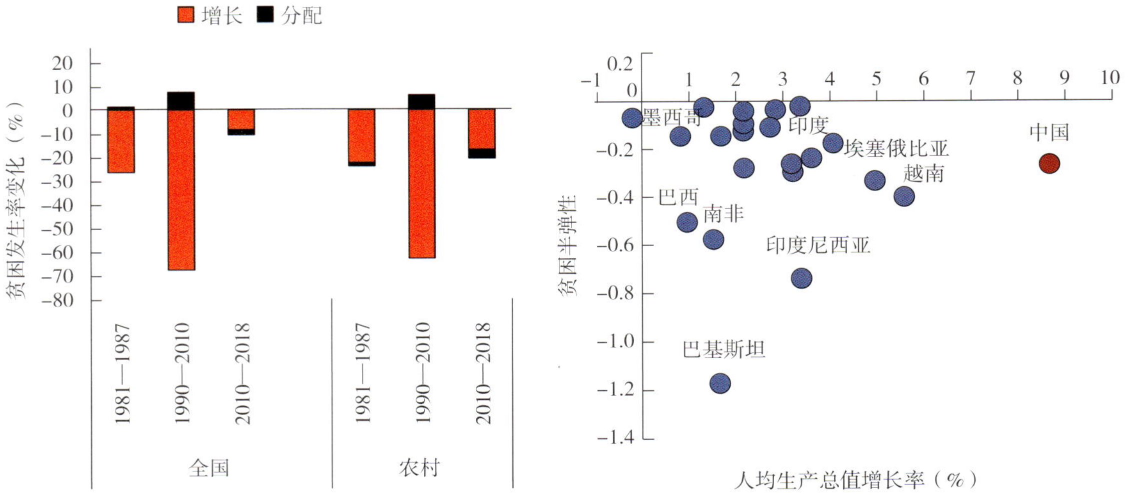

将中国农村和全国的贫困分解为不平等变化和经济增长的贡献

注：分解方法为 Datt 和 Ravallion（1991）。考虑数据可得性，1981—1987 年使用人均可支配收入数据，而 1990—2018 年使用人均家庭支出数据。1990—2010 年不平等加剧，而 2010—2018 年不平等状况逐步缓和。

按人均国内生产总值年均增长率计算的贫困半弹性

注：在拥有贫困人口和人均国内生产总值数据的国家中选择符合以下条件的国家：（1）数据时长超过 20 年以上；（2）在这段时间内至少有 5 个数据点；（3）人口规模超过 3000 万。使用回归方法计算的有关人均国内生产总值的半弹性增长。

图 4 快速的经济增长推动了减贫

资料来源：左图为 Lugo 等（2021）使用世界银行贫困标准（按 2011 年购买力平价计算为每人每天 1.9 美元）基于 PovcalNet 计算得出。2018 年的数据为初步估算。右图为 Lugo 等（2021），根据 PovcalNet 和世界发展指标（WDI）数据，采用世界银行贫困标准（按 2011 年购买力平价计算为每人每天 1.9 美元）和人均国内生产总值（2010 年定值美元）计算得出。2018 年的贫困数据为初步估算

内生产总值是全国其他地区的两倍。虽然 1995 年东部地区的贫困人口占全国的 1/4，但 1995—2002 年间东部地区的农村贫困人口减少了 7900 万，占全国脱贫人口的 40%。[①]21 世纪初，中国实施西部大开发战略，通过大规模基础设施投资、财政转移支付和补贴等政策缩小区域差距（Fan 等，2011）。2002—2007 年，西部地区的脱贫人口占全国脱贫人口的 50%，而西部地区的人口不到全国人口的 1/4。

根据 2010 年国家贫困标准，2013 年农村贫困人口比例已降至 10% 以下，并

① Ravallion和Chen（2007）表明，即使考虑到最初的贫困状态和不平等程度条件，20世纪80年代和90年代，沿海省份的贫困发生率下降幅度仍然明显高于内陆省份。

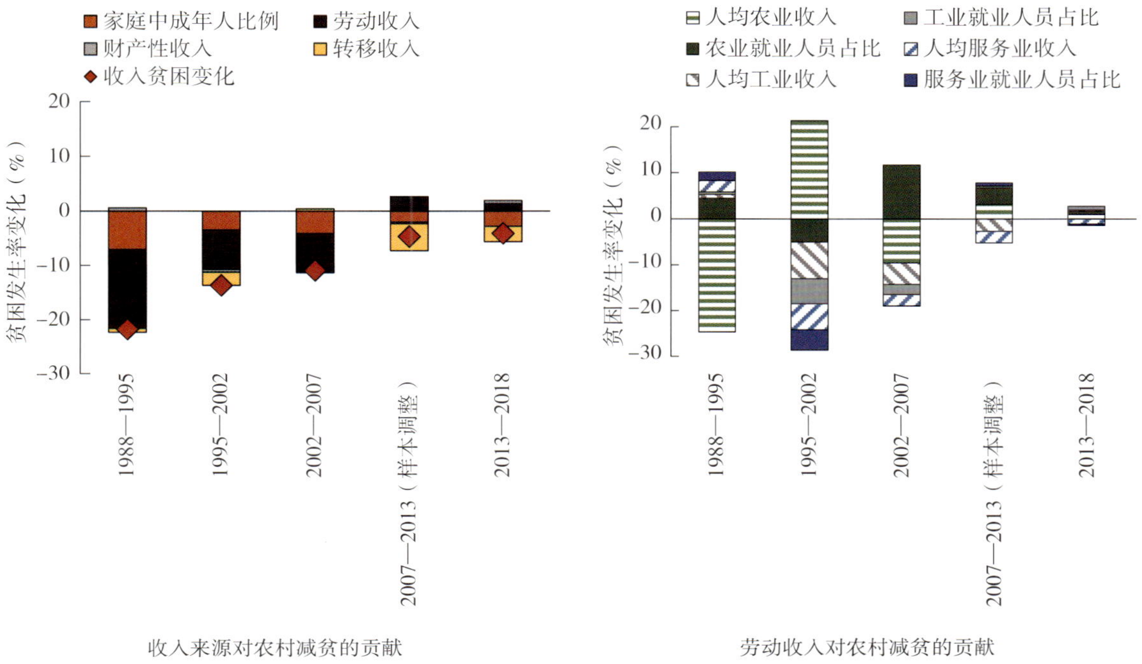

图 5　1988—2018 年中国减贫的主要驱动力

资料来源：Lugo 等（2021），基于中国家庭收入调查（CHIP）数据计算得出（有关调查的更多信息请参见附件）。

注：根据 Azevedo 等（2012）方法按收入来源对贫困发生率变化进行夏普利值分解。右图对分行业人均收入和家庭分行业从业人员比例进一步分解了劳动收入构成。因为 CHIP 数据抽样框架从以户籍（登记地点）为基础改为以居住地点为基础。2007—2013 年调整后的样本是考虑可比性而进行的调整

且主要集中在中西部偏远地区。对于这些贫困家庭来说，劳动收入无法继续促进减贫，私人转移收入和公共转移收入发挥了更大的作用（见图 5，左图）。收入最低的 20% 人口向非农部门的转移就业和收入增长逐渐放缓。随着农村人口向城市加速迁移，私人转移支付（汇款）在 2010 年前后对农村贫困家庭越来越重要。同一时期，中国免除了农村义务教育学杂费，在 2002 年开始试点建立新型农村合作医疗制度，并在 2006 年向全国推广。

自 2009 年以来，社会政策不断加强。中央政府将基本养老金的覆盖范围扩大到农村地区，并进一步推动其他社会救助政策发展。2013—2018 年，公共转移支付在最贫困地区人口脱贫方面发挥了巨大作用。农村养老金覆盖范围、

新型农村合作医疗保险覆盖范围和报销范围都在不断扩大，社会救助、社会保障和社会福利等社会政策持续扩面提标（虽然受益水平仍然较低），公共转移支付在家庭总收入中所占的比例翻了一番（从 10% 增至 20%）。

过去四十多年，中国人口结构转型和抚养比下降对减贫发挥了积极作用。随着出生率下降，抚养比急剧下降，劳动年龄人口占比提高，劳动收入提高推动了减贫。这得益于改革开放初期已经相对较低的出生率、行之有效的计划生育政策、1982 年推出的独生子女政策（这一政策在 2016 年转变为全面二孩政策，在 2021 年转变为三孩生育政策），以及不断完善的医疗卫生保健系统（Naughton，2018）。中国劳动年龄人口（15~59 岁）的比例从 1982 年的 58.8% 上升到 2010 年的 70.1%，而抚养比则从 62.6% 下降到 34.2%，0~14 岁儿童占比从 33.6% 降至 16.6%，总和生育率远低于每位妇女生育两个孩子。对收入来源对减贫贡献的分析表明，在过去四十多年间，家庭人口中成年人（14 岁及以上）的比例变化对减贫的贡献在 2%~7%（见图 5，左图）。2010 年后，随着老龄化加剧，中国人口趋势出现逆转。根据 2021 年 5 月发布的第七次全国人口普查数据，2020 年劳动年龄人口占比 63.4%，较 2010 年下降了 6.7 个百分点，抚养比上升到 45.9%。

第三章

中国经济改革发展与减贫

中国具备经济发展所需的各种要素，包括农业现代化、渐进的工业化、有序的城镇化以及由基础设施互联互通推动的国内市场一体化。与刘易斯经典的二元经济结构模型一致，中国的增长是由劳动力从低生产率的农业部门（“传统部门”）转移到高生产率的工业部门（“现代部门”）所驱动的（Lewis，1954）。中国一方面充分利用农村地区丰富的剩余劳动力，另一方面抓住城市和海外市场对商品和服务持续增长的需求，创造了大量非农就业机会。此外，中国健全的宏观经济管理制度、基础设施互联互通领域的大量公共投资为经济改革发展提供了便利条件，有效提升了产业竞争力，促进了国内市场一体化。同时期发生的经济改革发展与人口转型不断提高劳动生产率，并转化为人均收入的高速增长。

随着时间的推移，经济增长的驱动力逐步从农业转向工业，再到服务业。1980—2000 年，全要素生产率增长是中国经济快速增长的主要驱动力。1978 年，农业部门对国内生产总值的贡献不到 30%，但农业劳动力占比近 70%（见图 6）。改革开放极大提高了农业劳动生产率，推动劳动力从农业生产转移到生产率更高的工业和服务业，提高了全要素生产率（Zhu，2012）。人力资本和物质资本的积累支持并维系了改革所带来的收入增长效应。

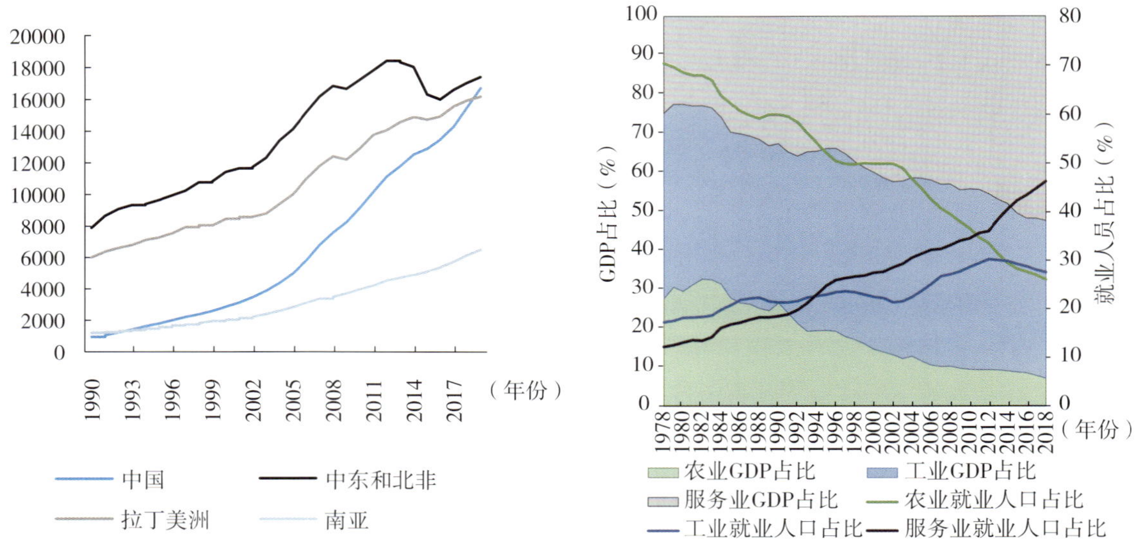

人均国民总收入（按购买力平价折算国际美元）　　分行业 GDP 和就业占比

图 6　经济结构转型推动中国经济快速持续增长

资料来源：Merotto 和 Jiang（2021），数据来源于世界发展指标（WDI）

在经历农业经济高增长后，1983 年中国国内生产总值增长率达到 15% 的峰值。从 20 世纪 80 年代中期到 2010 年前后，经济增长的重心向工业转移。近年来，服务业成为拉动中国经济增长的重要力量。虽然城乡就业总规模从 1978 年的 4.02 亿人增加到 2015 年的 7.75 亿人，但农业就业比例却从 69.6% 下降到 18.3%（Cai，2017）[①]。考虑到劳动力总供给持续增长，不断扩大的就业机会几乎全部来自农业以外的部门。服务业和制造业吸收了来自农业的转移劳动力和新进入就业市场的劳动力，每年创造净就业接近 1000 万人（Li 和 Xing，2017）。在高投资推动下，沿海地区的工业产业集群和出口导向型制造业吸收了全国范围内由人口迁移和城镇化带来的农村剩余劳动力（Long 和 Zhang，2011）。

为了理解中国的市场化改革和经济开放如何产生强劲且持久的增长效应，

① 需要注意的是，不同来源的数据（劳动力调查和人口普查数据）对总就业的估计不完全一致，但其趋势大致相同。

必须要理解中国发展的初始条件，包括相对较低的生育率，初等教育的普及以及土地的平均分配。这些初始条件使中国有别于东欧和苏联等其他转型经济体以及其他低收入发展中国家。①

抚养比的下降使中国的经济改革与人口结构转型过程可以同时发生，并创造了巨大的人口红利，有效促进了减贫。自 20 世纪 60 年代中期，中国实行“晚、稀、少”和独生子女等生育政策以来，生育率开始下降。女童教育水平提升和婴儿死亡率下降也推动了人口结构的转变（Lavely 和 Freedman，1990；Harrell 等，2011）。中国生育率从 1965 年的每名妇女生育6.4个孩子下降到1978年的2.9个。

虽然改革开放前中国人均收入处于世界最低水平，但中国的人力资本水平较高。1949 年，中国 15~64 岁的年龄段的人中只有 7% 的人口完成了小学教育。②20 世纪 50 年代以来，对教育的大规模投资以及不断扩大医疗保健服务取得了切实的成就。1978 年，婴儿死亡率为 52‰，为同收入组国家的平均水平的一半；人口出生时预期寿命为 66 岁，远远高于其他发展中国家；小学入学率为 96%（Wang，2018），中学入学率为 49.9%，完成初中教育的成年人比例达到 22.8%，是 1949 年的 3 倍（联合国开发计划署，2019）。国际社会公认人力资本投入对于国家发展具有重要意义（Bardhan，2013；Ravallion，2021）。③ 一旦市场改革开始，人力资本优势帮助中国的劳动者迅速抓住了新的经济机会（Bikales，2021）。

平等的土地分配有助于劳动者共享农业发展成果。自 1949 年起，中国进行了大规模的土地改革，3 亿多无地农民分到土地。④ 土地既是一种随着发展而升值的生产性资产，也是一个安全网，农民可以通过自给自足的农业生产维持基本生活（Naughton，2007）。有人认为，

① Bardhan，2012；Ravallion，2009；世界银行，1997；Sachs和Woo，1994。

② Barro-Lee数据库，http://www.barrolee.com/.

③ https://www.worldbank.org/en/publication/human-capital.

④ 在人民公社运动期间，农民土地交由公社管理。1978年改革开放后，农户重新获得了土地的经营权。

改革开放早期，土地的平均分配在减贫中发挥了关键作用（Ravallion 和 Chen，2007）。[①]

换句话说，1978 年改革开始时，相比于其优越的初始条件，中国的经济发展相对落后，之后的快速增长和减贫成就在一定程度上反映了中国实现经济发展潜力的过程，或者可以将 1978 年以来的减贫成就看作是改革开放四十多年和之前三十年发展的综合成效。这一点很重要，它有助于正确看待中国减贫的规模和速度（Ravallion 和 Chen，2020）。

下文将介绍经济改革发展的主要内容：农业生产力提高，渐进的工业化和有序的城镇化，以及加强基础设施投资，重点介绍其包容性特征。目的不是考察推动经济改革发展的所有因素，而是强调某些关键改革政策。对于改革的详细分析、具体设计、政治经济性、可复制性以及中国在这些领域的经验教训等，不在本报告的讨论范围之内。

农业生产力提高：更高的收入和更多的选择[②]

由于中国的贫困集中在农村地区，改革开放最初的二十年间，农业发展是中国减贫的主要驱动力。据估计，1978—2001 年，农业对减贫的贡献是工业或服务业的 4 倍。[③] 在此期间，农村各收入水平群体的农业收入均有所提高（Lugo 等，2021）。农业生产率提高促进减贫的渠道包括：一是生产率提高增加农民收入；二是生产率提高将剩余劳动力释放到其他行业和城市地区，使家庭

① 这与Deininger-Squire（1998）国际比较分析得出土地不平等分配对经济增长有负面影响的结论一致。

② 基于中国国际发展知识中心《中国减贫的战略演进与内在逻辑》第二章。关于中国农业改革的文献数量庞大，要全面了解相关内容，请参阅Naughton（2018）和Huang以及Rozelle（2018）相关内容。对于中国农业改革的较早分析，请参阅世界银行（1997）。

③ Ravallion（2009）和 Chen（2007）以及Montalvo和Ravallion（2010）估计，在20世纪80—90年代，农业是“中国在消除绝对贫困方面取得巨大成功的真正动力，而不是第二产业（制造业）或第三产业”。关于农业对减少贫困的重要性，https://openknowledge.worldbank.org/handle/10986/2118/discover。

收入来源更加多样化，减少收入波动，同时转移劳动力在非农业产业就业，有助于提高收入水平。

农业生产力提高的主要驱动力包括：农村土地改革持续深化、农产品市场和价格体系逐步放开、税收负担逐步减轻和农业净补贴增加、对机械化和灌溉设施进行大规模投资、加大化肥农药等现代投入品使用，以及农业生产市场化、一体化和价值链延伸。此外，中国持续推广农业技术也发挥了重要作用。下文将对这些因素进行分析。

第一，土地改革是中国农业改革的起点，激励农民提高生产效率和土地使用效率。1953 年起中国实行农业集体化，农村土地按户平均分配，村集体提供全部生产原材料，全部产出也上交集体。无论贡献水平高低，农民受益相同，这抑制了生产积极性，导致农业生产效率长期无法提高，粮食短缺问题普遍存在。1978 年底，安徽省小岗村试行将农村集体所有的土地承包给农户，农户在向集体上交指定的产量之后可以选择自己消费或出售剩余农产品。随着试点的成功，家庭联产承包责任制在全国迅速普及。到 1983 年底，家庭联产承包责任制覆盖了全国大约 94.2% 的农村家庭。

研究表明，1978—1984 年，家庭联产承包责任制对总产量的贡献率约为 30%~50%（Lin，1992；Fan，1991；Huang 和 Rozelle，1996；Gibson，2020），提高了农业要素生产率（Jin 等，2002），缩小了地区间贫富差距（Gibson，2020）。为了稳定土地承包制度以提高劳动生产率，1984 年中央政府将承包期从 3 年延长到 15 年，2002 年又延长到 30 年。[①]2011 年，中央政府启动了土地确权登记制度，允许农村家庭将土地流转给企业或其他农民，获得财产性收入。2014 年，中国启动土地所有权、承包权以及使用权

① 虽然土地长期承包制度有利于鼓励投资以实现增产，但在土地流转相关制度健全之前，通过增加投资来提高土地的长期收益的激励作用并不明显。土地制度的相关改革对于向更加可持续的生产方式转型和减少化肥农药的过度使用非常重要。

“三权分置”改革试点。2017 年，土地承包期再次延长 30 年，把最初的合同期限延长至 75 年。很多不愿意或没有能力经营土地的农户（如农民工和老年人等）选择转租土地，这为创业农户和农业企业开展大规模经营创造了条件。土地流转促进了大型家庭农场、合作社以及由农业综合企业经营的“新型”农场的发展。为了稳定改革成果，土地制度改革需要与教育和培训投资、改善金融服务可及性等改革措施配套实施。

第二，农产品市场和价格体系逐步放开增加了农民的利润空间，减少了因资源低效配置造成的损失（Huang 和 Rozelle，2018）。改革开放前，农民须以国家规定的较低采购价格向政府出售固定数量的产品。改革开放后，销售价格逐渐放开，有效推动农民增加产量。最初实行的价格双轨制只针对主要农产品，国家以固定价格收购最低配额产量，其余产品可以按照远高于国家采购价格的市场价出售。这一改革同家庭联产承包责任制一起，极大改善了农民的贸易条件，农业产量和农民收入大幅增长。1978—1995 年，农产品采购价格指数上涨了 428.1%，远远超过了农村工业品零售价格指数 174.7% 的涨幅（《中国统计年鉴》，2001）。随着市场定价方式适用于更多农产品，可通过市场出售的产品数量增加，农民开始根据土地和劳动力的相对回报进行生产决策，资源配置效率进一步提高（Huang 和 Rozelle，1996；de Braw 等，2004）。2001 年，中国加入世界贸易组织，为了保护农民收入不受贸易条件的负面影响，中国采取了关键农产品“最低保护价”制度。如今，农产品价格一般是由市场决定的，对关键农产品价格来说，投入补贴和价格支持机制仍然发挥重要作用。①

① 最低保护价制度适用于水稻和小麦，在特定条件下也适用于大豆和棉花等其他农产品。如果市场价格低于最低保护价，中国储备粮管理总公司等会以最低收购价收购这些主要农产品。2014年，中国开始试点对大豆和棉花等农产品实施目标价格体系。在新的价格支持体系中，如果平均市场价低于预先确定的目标价格，农民直接获得差价补贴。经过一系列试点以后，目标价格体系在全国推广。目标价格的水平反映了国内种植成本，可以保护农民不受国际市场价格波动以及贸易条件的影响。2014—2016年，国内目标价格高于国际价格，但是在2020年，受新冠肺炎疫情的影响，全球食品价格上涨，国内目标价格低于国际价格。

第三，政府税收政策以及其他相关政策向有利于农业的方向倾斜。在1949年之后数十年，农业部门成为主要的税收来源，农业盈余为中国的工业化提供资金（Naughton，2018）。虽然1978年后农业生产率大幅提升，但农村收入增长却有所放缓，农民没有足够的利润投资当时急需的现代技术和生产方式，这推动了中国向农业支持政策逐步转变。现在，农业产业已经从2000年之前的预算净贡献产业转变为预算净接收产业（Anderson和Martin，2008）。例如，在20世纪90年代，农民需向国家缴纳“三提五统”和农业税收，给农民造成了沉重的负担。[①]2006年，中国彻底取消了占农业增加值5%~7%左右的农业税（Naughton，2018；Song，2018）。另外，农村税费改革导致村委会失去了收入来源，必须依靠县级政府和省级政府的资金转移。下文会再次探讨农村地区公共服务提供和筹资问题。

尽管中国农业支持政策中价格支持政策和与投入产出相关的措施占比较高，但总体来说中国的农业支持力度与经济合作与发展组织（OECD）国家相当。2001年左右，中国实施了退耕还林等一系列转移支付项目，将收入支持政策和生态建设相结合。[②]未来，这些项目有可能将中国巩固脱贫攻坚成果与绿色转型的目标相结合，产生经济、社会和环境三重效益（世界银行，2021a）。

第四，中国农业现代化得到了大量公共投资的支持，包括农业技术研究和推广服务、生产性基础设施等领域。中国的传统农业生产方式容易受到天气和自然灾害影响。政府公共投资的重点是建设防洪工程、修复田间排水沟渠、改善土壤结构和减少内涝等。农业技术研

① Lin和Ren（2002）估计，在1999年对于最低收入组来说这部分税费占家庭收入的近20%。

② “退耕还林”计划为居住在粮食低产、贫困偏远山区的农户提供额外收入：每公顷耕地转变为林地后，将获得每年1500~2250公斤谷物和每年300元现金的补贴。该计划重点实施区域是长江上游地区和黄河上游地区。

发和推广，包括使用塑料覆膜保持土壤水分，推广化肥、农药和农业机械，以及研发优质种子等，有效提高了粮食作物产量。[①]20世纪70年代，高产水稻品种的开发使得每亩水稻产量提高了20%~30%，大幅提高了中国、亚洲其他地区和非洲大部分地区水稻产量。[②]喷灌、微灌、低压管灌等节水技术的应用降低了亩均用水量。20世纪70年代，中国的灌溉效率仅有经济合作与发展组织国家水平的一半左右，现在已经提高至3/4左右水平。

技能培训和农业技术推广服务有效帮助农民接受新技术。20世纪80年代中期，县级公共农业技术推广服务体系已经建成。1993年，《中华人民共和国农业技术推广法》为农业技术推广服务逐步向市场化转型奠定基础，私人技术提供者占比不断提高（OECD，2018）。中国的农业科技推广系统有效结合了培训、需求和市场化激励，帮助农户克服风险厌恶倾向，增进其认识，对中国农业现代化产生了重要作用。（见专栏1）

最后，农业产业链拓展对于增加农业收益至关重要。中国先后出台了鼓励农业产业化、发展农产品加工业、一二三产业融合发展等支持政策。地方政府设立专门的农业批发市场，鼓励农民组建合作社来分摊农业机械投入成本，投资建设加工、储存、质量管控和销售设施。到2016年底，53%的农民合作社建立了自己的加工和销售设施。合作社和农场的农产品加工率达65%，使其收益增加值增长2.2倍。2014年以来，中国政府出台了一系列促进农村电子商务发展的政策，支持涉农电子商务物流、金融等多个方面，开展电子商务进农村综合示范，鼓励农村市场发展（Luo和Niu，2019）。

① 据测算，1980—2001年技术进步对粮食增产的贡献率为25%。机械化使化肥利用率提高15%~20%，粮食每亩增产30~40公斤（Xue Zhicheng，2002）。

② 中国科学家袁隆平及其团队研发了高产水稻品种。袁隆平于2004年获得世界粮食奖。根据世界粮食奖网站介绍，全世界范围内，1/5的水稻来自他开创的杂交水稻品种成果。

专栏 1 农业技术推广促进减贫：固原地膜推广案例

固原县（现原州区）位于中国宁夏回族自治区六盘山集中连片特困区，处在西海固地区，自然条件恶劣，水资源匮乏，土地贫瘠，农作物产量低——每亩产量仅为 50 公斤。到 1980 年左右，这里仍然发生了大规模严重饥荒。

20 世纪 80 年代初期，政府开始研究在西海固推广使用地膜覆盖技术，目的是保持适宜的土壤温度，蓄水保墒，降水集流。固原县政府派遣农业技术推广技术员入村进行地膜玉米种植试验。技术员为农户提供免费种子、地膜以及其他物资，农民只需提供土地就可以获得所有的产出，同时还将获得覆膜用工的工资。早期试验证实，在固原使用地膜可以增加产量。

固原根据 1985 年的科技兴农战略成立了科技兴农领导小组，优先供应地膜，鼓励和支持技术推广人员和示范农户使用地膜。重要的是，作为绩效考核的一部分，政府给乡镇推广站分配了建立示范点的任务。为此，官员通过召开村民会议等鼓励大家使用地膜覆盖技术。但是，因为固原地形崎岖，覆盖地膜耗费劳力，只有少数农户对这项技术感兴趣。当地采取多种措施鼓励地膜使用。1987 年，固原实现了种植 400 亩地膜玉米的目标，玉米产量增加了 30%。

20 世纪 90 年代开始，农民开始用耕牛和其他役畜覆盖地膜，发明了成本不足 100 元的小型工具。后期手扶拖拉机的出现提高了地膜覆盖效率，从 3 个人每天覆盖一亩到 5 个人每天覆盖 20 亩。2000 年，固原县筹资 43 万元，购买了 623 台专业覆膜穴播机。

20 世纪 90 年代中期，固原大力实施“温饱工程”，通过承包责任制进一步支持使用地膜。农业技术员和政府官员根据工作职位确定推广面积——中级、初级职位的技术员分别负责300亩和200亩示范点，乡镇领导和一般官员分别负责50亩和30亩示范点。

来源：中国国际发展知识中心关于固原推广地膜技术的案例研究

渐进的工业化：为更多人提供更好的就业机会[①]

工业化是中国在经济增长和减贫方面取得长期成功的关键。1978—2020年，中国工业实际增加值年均增长10.3%，[②]大量廉价的农村剩余劳动力和不断改善的营商环境使中国成为具有全球竞争力的投资地，[③]更多、更好的工作机会开始出现。中国城市“现代部门”的收益持续增加，对消费品和服务产生了新的需求，进而鼓励了更多的投资，创造了新的就业机会。一方面，农村劳动力用工成本维持在较低水平，意味着城市不必因农民工产生额外的财政支出；另一方面，工业企业能够为农民工提供比农村更高的收入。然而，对流动人口的管理举措延缓了农民工向城市转移和融入的进程，这种情况直到今天仍然存在。[④]

自20世纪90年代中期以来，人均收入增长最主要动力来自行业部门内部，尤其是工业部门劳动生产率的提高。

① 基于中国国际发展知识中心《中国减贫的战略演进与内在逻辑》第三章和Merotto、Jiang（2021）的观点。

② 基于历年《中国统计年鉴》数据。

③ 1991年，中国的劳动力成本为0.2美元/小时，低于印度尼西亚（0.4美元/小时）、印度（0.5美元/小时）、菲律宾（0.6美元/小时）、泰国（1.1美元/小时）和土耳其（1.2美元/小时）等国家的成本（X. Li等，2018）。

④ 正如第四章所讨论的，这些对劳动力流动的管理措施，措施虽然在工业化初期产生了积极效应，但加剧了城乡家庭之间的不平等。由于在获得公共服务的机会和服务质量方面存在差异，以及“留守儿童”群体缺乏父母的关爱，这些不平等出现代际传递。近年来，中国政府逐渐放开了户籍制度。自2021年起，占中国城市的90%以上的300万以下人口的城市完全取消了户口限制。

1995—2018 年，与世界上增长最快的发展中经济体相比，中国的突出之处在于行业部门内部劳动生产率对人均收入增长贡献巨大，其中一半以上来自工业（见图 7）。而结构性改革（劳动力跨行业部门转移）仅使中国人均收入增长 1.8 个百分点，与较贫穷的孟加拉国和印度结构性变化的贡献度相似。来自企业利润和家庭储蓄的大量资本积累推动了劳动生产率的快速增长。

从 20 世纪 80 年代开始，中国工业化战略的一个主要特点是出口导向。20 世纪 50—70 年代，中国把重工业和国家安全放在首位，与世界经济互动十分有限。20 世纪 80 年代初开始的市场化改革依托于劳动密集型轻工业的比较优势，利用出口需求带动投资，以沿海经济特区作为平台吸引外国投资和技术。2020 年，中国商品出口总额达到 2.49 万亿美元，制成品出口占出口总额的比重从 1978 年的 46.5% 上升到 96%（中国国家统计局，2020a）。

然而，出口需求只是中国工业化的驱动因素之一。在改革开放初期，农村地区出现了大量利用劳动密集型技术

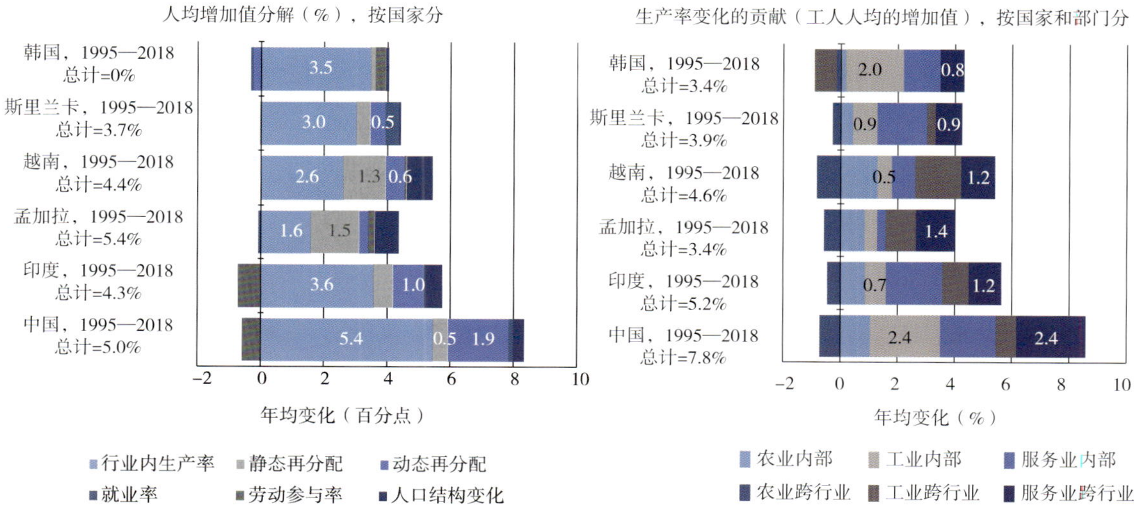

图 7　劳动生产率特别是工业生产率提高推动了经济的高增长

资料来源：Merotto 和 Jiang（2021），数据来自世界发展指标（WDI）和 CHIP

生产国内市场短缺品的工业就业机会。1978—1996年，农村剩余劳动力增加并进入新兴的乡镇企业就业。这一阶段乡镇企业的数量从150万家迅速增长到2300万家，其中大部分从事轻工业，提供了超过1.3亿个就业机会，对农村就业的贡献率从9.2%增加到27.6%（Gan，2003）（见图8，左图）。乡镇企业提供的非农就业机会是中国农村地区在改革开放之后二十年快速脱贫的关键驱动力量。

以乡镇企业为主的创业活动迅速发展有多方面的原因。对贫困农户来说，不需要背井离乡就可获得非农工作的机会具有极强的吸引力。农民可以在农闲时从事非农劳动来贴补家庭收入，而不必完全放弃农业生产。在乡镇企业发展早期，由于其产生的税收主要保留在地方一级，且主要使用本地农产品作为原料，地方政府有强烈的动机促进其发展（Naughton，2018）。一些地方政府官员充分利用自己能够获得劳动力和土地等生产要素的有利条件，成为了乡镇企业家（Lin 等，2003）[①]，因地制宜的灵活制度安排弥补了私人产权保护不足的问题（Fang 等，2002；Fan 和 Chan-Kang，2005）。

20世纪90年代后期，沿海地区的出口导向型产业和乡镇企业逐步整合，供应链逐渐向内地延伸并带动了更多的投资。许多乡镇企业和非重点领域国有企业转制为民营企业，它们当中的一些企业如今已跻身中国主要工业企业之列。到2005年，集体企业就业在乡镇企业中只占很小的比例（Naughton，2018）。

虽然最初中国工业化战略以廉价劳动力为基础，使劳动生产率增速高于收入增速，但对物质资本和人力资本的持续投资推动中国越来越多的行业向价值链上游转移。[②]除了增加受教育机会外，

① 此处，中国国际发展知识中心在温州实地调研发现，许多新的个人乡镇企业家的初始资本来自其个人的储蓄和亲戚朋友的借款。

② 1980—1990年，随着工作机会增加，上学的机会成本提高，中国在扩大中等教育方面经历了一些波折（世界银行，1997）。然而，到1990年中等教育得到了大规模的发展，到2000年，初中和高中的入学率几乎翻了一番（《中国统计年鉴》，2010；《中国统计年鉴》，2020）。

中国大力投资公共卫生事业，使劳动力更健康、生产率更高。[①] 通过“干中学”和职业培训，一些仅接受过义务教育的农村劳动力具备了提高生产率和增加收入的技能（见专栏 2）。1992—2001 年，第二产业劳动生产率由 8150 元提高到 30133 元，制造业职工平均工资由 2635 元增长到 9774 元（见图 8，右图）。

2001 年，中国加入世界贸易组织，工业产业升级速度明显加快，中国成为“全球工厂”。对外贸易在中国国内生产总值中的比重从 2000 年的 39.6% 大幅提高到 2005 年的 63.8%。2009 年，中国的出口额达到 1.2 万亿美元，取代德国成为全球最大的出口国。Chen 和 Ravallion（2004），Hertel 等（2004），以及 Sicular 和 Zhao（2004）等证明加入世界贸易组织对中国家庭收入产生积极影响。虽然加入世界贸易组织带来的贸易条件变化主要惠及城市消费者，但农村家庭可以

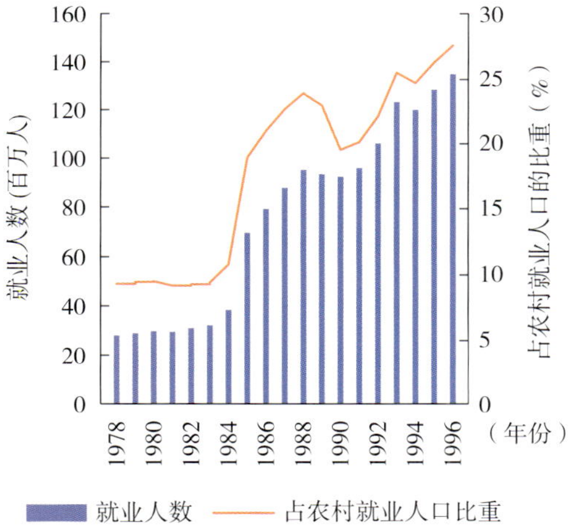

乡镇企业就业人数及其在农村就业人口中所占的份额（1978—1996 年）

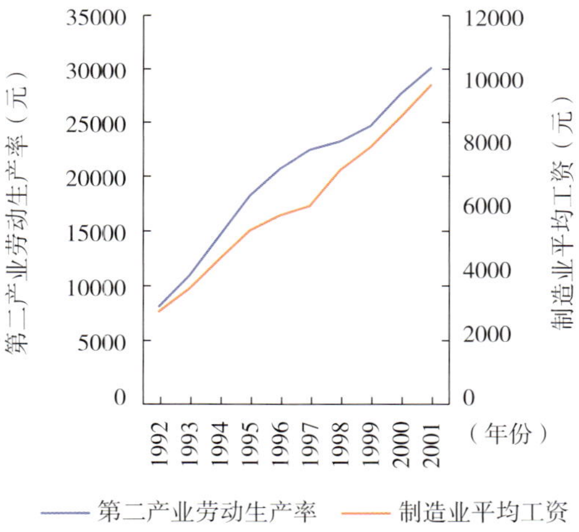

第二产业劳动生产率和制造业平均工资（1992—2001 年）

图 8　乡镇企业就业占比和第二产业生产率不断提升

资料来源：中国国际发展知识中心《中国减贫的战略演进与内在逻辑》第三章，基于 Gan（2003）（左图）；中国国家统计局统计司 2002 年（右图）

① 世界银行和世界卫生组织（2019）记录了中国在减少发育迟缓、贫血和一些地方性传染病方面取得的成就。

专栏2 干中学：谢德武先生如何在永嘉开办自己的阀门公司？

浙江省温州市永嘉县拥有约400家从事阀门制造的中小企业，阀门制造是当地支柱产业之一。恒华阀门有限公司主要生产电力和石油工业所需的高安全标准产品，该公司有80名员工，销售额排在永嘉县前150位。

公司老板谢德武出身贫寒，他通过“干中学”成长为一名企业家。初中毕业后，他和哥哥在一个家庭作坊工作了5年，主要从事阀门零件加工。日常工作中，在家人和朋友的帮助下他逐渐学会了操作的窍门，丰富了专业领域知识，扩大了社交网络，积累了个人资本。2008年，他成立了自己的公司——恒华安全阀公司，现在年产值4000万元。与成立之初相比，现在公司的竞争力和技术都取得了长足进步，并正在通过数字化和自动化技术实现升级。

事实上，中国国际发展知识中心在永嘉实地调研的5家企业中，有包括谢德武先生在内的3家企业的老板都没有读完初中。他们的人力资本积累主要来自“干中学”。

来源：中国国际发展知识中心关于永嘉脱贫的案例研究

通过获得城市就业机会和农民工的汇款间接受益。此外，如上文所述，政府对农业部门的税收政策也发挥了支持作用（Anderson和Martin，2008）。

中国在加入世界贸易组织后不久，实施了一系列国家区域发展战略，旨在缩小过去十年不断扩大的地区差距。西部大开发和中部崛起等区域发展战略加强了相对落后地区的工业投资，有效改善了中西部地区与东部地区乃至全球生产加工体系的对接。由于沿海地区的工资和土地价格迅速上涨，加之商品价格高企，内陆地区较低的工资水平吸引了制造业和采掘业的投资。数据显示，东部地区固定资产投资总额占比从2003年的66%下降到2012年的43%，而中西部地区的占比相应增加。区域发展政策逐步缩小了中西部地区与较富裕东部地区的收入差距。但和美国与欧盟相比，中国的内陆与沿海的差距仍然较大（世界银行，2020）。

加入世界贸易组织后，中国工业化进程加快推进，工人从更多、更高报酬的工作机会中持续受益。根据国家统计局数据，第二产业就业人数从2002年的1.57亿人增加到2012年的2.32亿人，达到峰值，占就业总人数的比例从21.4%上升到30.4%。快速工业化使各种技能水平的年轻劳动力进入城市，城镇化与就业多元化相得益彰（见图9），特别是建筑业（主要是男性）和服务业（主要是女性）。有薪就业人数从1988年的45%增长到2013年的73%（见图9，右图），新增有薪岗位超过2亿个。随着民营正规部门的扩张，越来越多的劳动力，尤其是受过良好教育的工人，转向有薪就业岗位。

在工业转型升级的同时，劳动力受教育程度也大幅度提高。1988—2013年，高中以上文化程度从业者比例每年增加3.8%。这是教育政策不断完善的结果。中国采取从优先普及小学教育逐步转向强调扩大义务教育普及面（20世纪90年代后期）的教育政策，提供适合市场需求的技能培训和教育。总体而言，通过正规的学校教育以及干中学积累的人力资本促进了中国劳动生产率的快速增长。

自2000年以来，随着有薪工作机会增加、教育水平提高以及广泛的工资增长，城乡收入差距不断缩小。在此期间，平均工资和工资中位数都在增长。2002—2013年，中国实际月工资中位数增加了3倍多，增幅高于月平均工资。[①]虽然城市地区的工资仍然高于农村，但从农村转移劳动力在一定程度上抑制了城市企业劳动力成本的实际增长，并且缩小了城乡工资差距（见图10）。随着农村劳动

① 在此阶段，中国大量廉价劳动力的比较优势消失。2004年，中国制造业劳动力的月平均薪酬为1800美元，高于印度（1600美元）和印度尼西亚（1200美元）（Li和Li，2018）。为了保持竞争力，中国必须转向资本和技术密集型产品，以进一步提高生产率和工资水平。

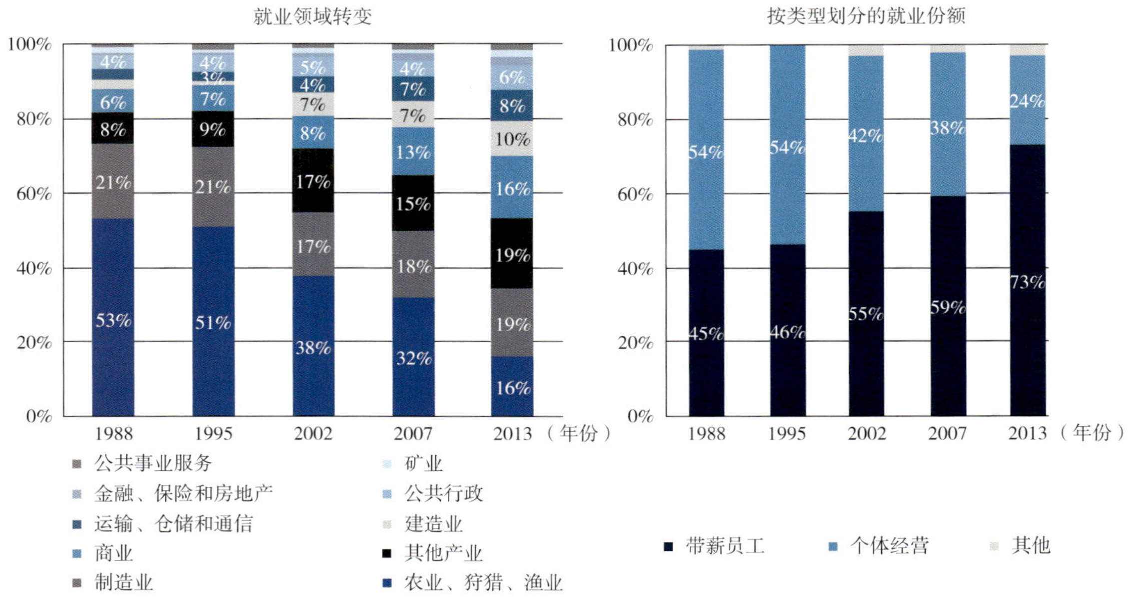

图 9 就业多样化及有薪就业的扩张使工人受益

资料来源：Meretto 和 Jiang（2021），基于 CHIP 数据计算得出

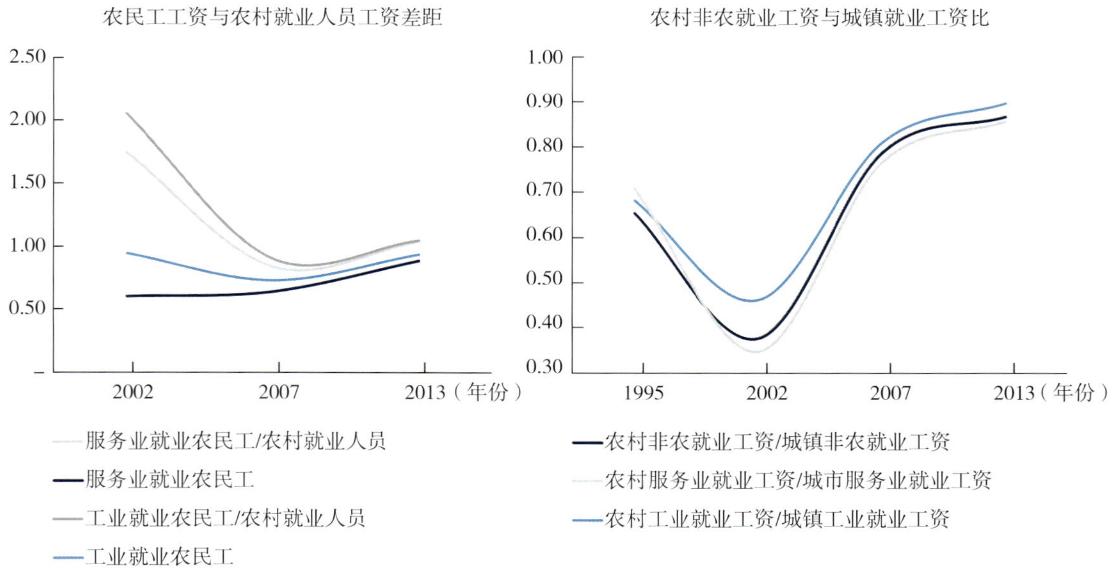

图 10 城乡工资差距缩小表明中国在 2007 年左右达到了“刘易斯拐点”

资料来源：Merotto 和 Jiang（2021），基于 CHIP 数据计算得出

力供给减少，同时制造业和服务业创造了更多有薪工作机会，农业就业人员的劳动报酬提高。这一证据与学者提出的中国可能在2007年或其前后达到“刘易斯拐点”的观点一致（Cai和Du，2011；Zhang等，2011；Kanbur等，2020）。

中国的工业转型升级将继续，但是工业部门在继续创造更多、更好的就业机会方面的增量贡献可能无法持续。展望未来，服务业需要在创造就业机会方面发挥主导作用。中国的制造业就业人数在2013年达到1.48亿的峰值，在随后的四年中下降了850万（Zhuo和Huang，2019）。与此同时，2013—2019年农民工在服务业就业的比例增加至51%。

有序的城镇化：带来多重收益，但是机会不平等仍然存在[①]

由工业化带来的快速城镇化是中国减贫的另一个关键驱动力。如同刘易斯模型所描述的那样，非农业部门提供的就业机会吸引农村劳动力来到城市，城市人口比例提高。城镇化通过提高农村劳动力的生活水平、增加农民收入直接推动了减贫，同时城镇化也促进了仍然居住在农村地区没有转移就业人口的减贫，间接缓解了贫困。本章将围绕这两方面的研究展开。

中国经济快速增长伴随着人口快速城镇化。城市人口从1980年的2亿人增长到2020年的9亿人，增幅接近400%。城镇化率从1980年的19.4%增加到2020年的63.9%（国家统计局，2021）。在20世纪80年代深圳、佛山和东莞等1000万以上人口的城市规模很小，有些甚至不存在（Hamnett，C，2020）。中国城镇化的模式与其他国家类似（见图11，左图），特别是与越南和印度等经历过快速转型的国家很接近（见图11，右图）（世界银行和国务院发展研究中心，

① 基于Giles和Mu（2021）以及中国国际发展知识中心《中国减贫的战略演进与内在逻辑》第四章内容。

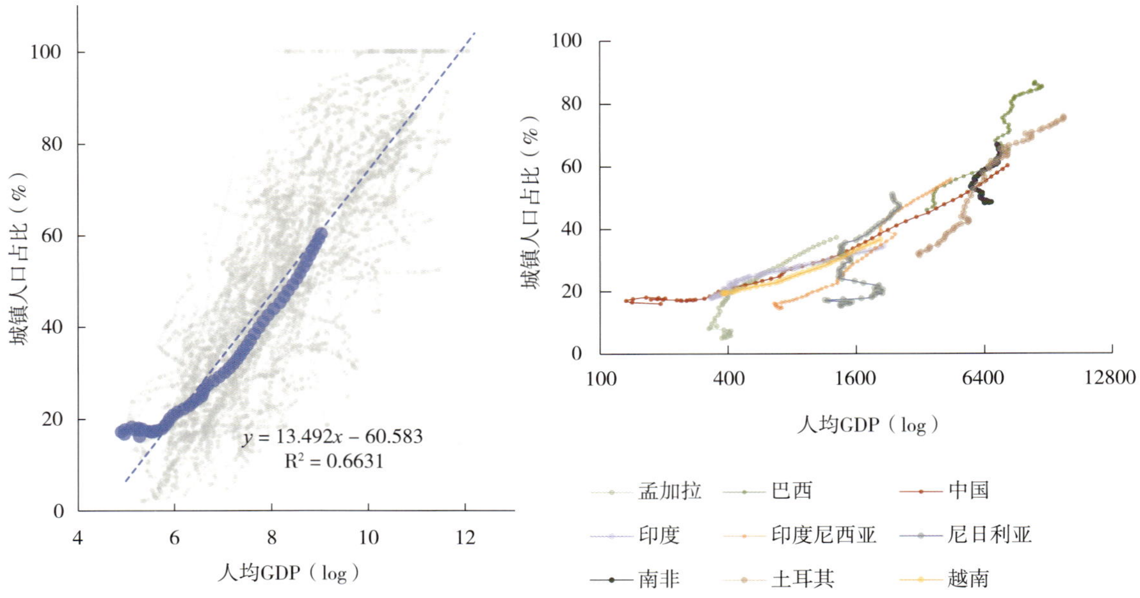

图 11 中国的城镇化模式与其他快速增长的经济体相似

资料来源：世界发展指标（WDI），世界银行。

2014）。考虑经济发展水平，中国的城镇化比例是偏低的。城镇化持续发展可能是未来十年中国经济保持增长的关键因素（Huang，2017；国务院发展研究中心和世界银行，2019）。

一些非洲国家和拉丁美洲国家的经验显示，城镇化未必带来经济增长（Gollin 等，2016；Rodrik，2016）。[①] 因此，中国城镇化推动快速经济发展和减贫这一现象值得关注。例如，使用1993—2002 年不同国家的数据，在考虑城市和农村地区生活成本差异的条件下，Ravallion 等（2007）发现在拉丁美洲和撒哈拉以南的非洲，当城镇化水平提高、农村地区贫困不断减少时，城市贫困却在加剧。与之形成鲜明对比的是，中国大多数时期城市贫困发生率远低于 3%（Ravallion 和 Chen，2007，2020）。与其

① 例如，尼日利亚独立之后城市人口翻了两番，但人均收入增长有限。同样，巴西1980年之后经济增长缓慢，但是城市人口占比从60%增长到超过85%，城市人口持续快速增长。

他经济体相比，中国城市地区的经济机会增加速度更快（如下文所述），这是实际工资快速增长的关键。此外，制度因素也发挥了作用。

限制超大城市扩张的政策决定了中国城镇化的发展路径。用来控制人口流动的行政手段——户籍制度是关键的政策工具。户口确定一个人的居住许可，授予其在特定地点生活和工作的权利，并有权享受政府提供的公共服务，如医疗、社会保障和公共教育等。[①] 户籍制度和土地制度共同塑造了中国人口流动模式、流动时间和流动结构。支持户籍制度的人认为，户籍制度有效防止了因城市贫民窟无序扩张而导致的城市贫困。反对户籍制度的人指出，户籍制度固化了获得政府公共服务方面的不平等，阻碍了代际社会流动（Hell 和 Rozelle，2020；Bikales，2021）。虽然中国已经放松了对除特大城市外人口流动的户籍限制，但对于户口的争论仍是热议的焦点问题之一。因为缺乏反事实依据来确定没有户口限制会发生什么情况，所以我们对此问题没有定论，本报告的目的也不是解决这些争论。我们能够得出的结论是，整体而言，从农村到城市的人口流动为减贫做出了贡献。下文具体描述了这一过程。

20 世纪 80 年代，随着市场经济兴起，在劳动力需求增加、城市与农村较高的工资差距以及更为灵活的户口政策[②] 推动下，城乡人口流动兴起。此后，城乡人口流动持续扩张（见图 12，左图）。到 2000 年，超过半数（51.1%）的贫困家庭有成员外出务工（Zhu 和 He，2018）。

很多人第一次外出务工是省内流动，随着经济特区建立、沿海地区对劳动力

---

① 2008年《中华人民共和国劳动合同法》和2011年《中华人民共和国社会保障法》规定让外来人口能够在居住地参加社会保障和医疗卫生保险，但参与率较低，第四章将会讨论这一点。

② 例如，1985年，公安部建立了城市临时户口制度，为在城市有合法工作或企业的个人提供当地暂住证。1988年起，流动人口在向当地公安局提交申请后可以获得务工许可证，这一政策有效地保证了外来人口的合法地位。

需求加大，人们逐渐离开本省外出打工。20世纪90年代中期以后，当地民营企业成为流动人口的主要就业单位（Chen和Coulson，2002）。自西部大开发战略提出后，劳动密集型产业开始向西部地区转移，为内陆地区提供了更多的就业机会，增加了省内人员流动（见图12，左图）。根据第七次全国人口普查数据，2020年超过66%的流动人口在本省流动。[①]2018年，农民工总数达到了2.88亿，[②]农民工就业人口占城市总就业人口的40%。

农民工流动通过增加工资收入和对农村家庭的汇款发挥了减贫作用。多年来，农民工收入稳步增长，特别是2015年以来增速加快。2005—2019年，流动人口的平均收入翻了两番（见图13）。在城市务工可以带来可观的收入[③]，但整体来看，早期农民工的工资水平远低于城市居民。近年来，随着农业剩余劳动力总量减少，农民工与城镇居民的工资差距开始缩小。[④]Guo等（2018）的研究表明，到2015年，在城市的农民工的收入贫困发生率相当低。[⑤]

---

① 第七次人口普查数据表明流动人口总数为4.928亿，包括两类群体：（1）城市内部流动人口（1.169亿），人们居住在户籍所在城市但是不在具体户籍登记地；（2）城市间流动人口（3.758亿），人们居住在非户籍所在地（http://www.stats.gov.cn/tjsj/zxfb/202105/t20210510_1817183.html）。但是，城市间流动人口也可能居住在农村地区。全国农民工监测调查报告有助于了解城市地区农民工的整体状况，最新报告（http://www.stats.gov.cn/tjsj/zxfb/202104/t20210430_1816933.html）估计2020年农民工总数为2.856亿人（农村户口但是在非农部门工作超过6个月），其中1.31亿人居住在城市地区，占城市居住人口（9.02亿人）的14.5%。这些城市地区的农民工中，58.4%为省内流动，这一数据大体上与人口普查一致。

② 《2018年全国农民工监测调查报告》，由国家统计局发布。

③ 大城市的外来务工人员的收入可观。根据国家统计局《全国农民工监测调查报告》，2008年东部省份外来务工人员的月工资比其他地区高6%。

④ 使用城市人口普查子样本进行分析，Cai等发现2005年农民工平均收入只有城市居民的一半，使用中国城市劳动力调查数据，Gile和Park（2014）发现2001—2004年外来务工人员的工资差距拉大（从24%到42%），但是2010年下降到13%。如果考虑到工作特征的差异，差距就消失了（世界银行和国务院发展研究中心，2014）。其他的数据来源（国家统计局，Lu，2012）也指出，在2001—2007年，城市居民和农民工的工资差距有一些扩大，随后明显缩小。

⑤ 该分析使用的是城市子项目“2015年综合住户调查”，涵盖8个省份，重点研究1962个所有家庭成员都居住在城市地区的流动人口家庭。使用的贫困标准是3.1美元/天的绝对贫困标准（2011年购买力平价）；相对贫困标准定义为城镇居民人均可支配收入中位数（14564.5元/年）的50%。

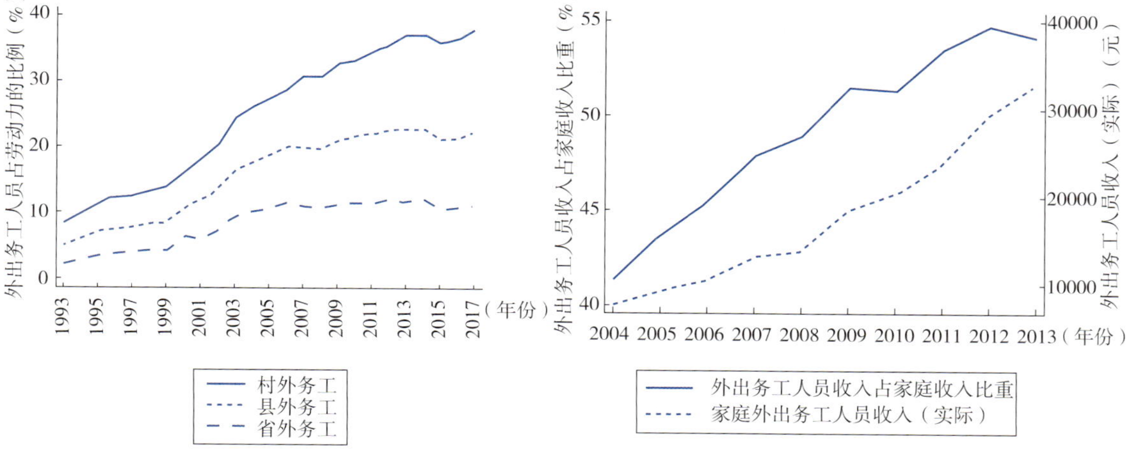

转移就业长期趋势　　外出务工人员工资

图 12　务工收入在家庭总收入中所占的份额持续提高

资料来源：Giles 和 Mu（2021），根据农业农村部年度农村调查、农业农村部经济研究中心定点调查数据计算得出。关于调查的更多信息详见附录

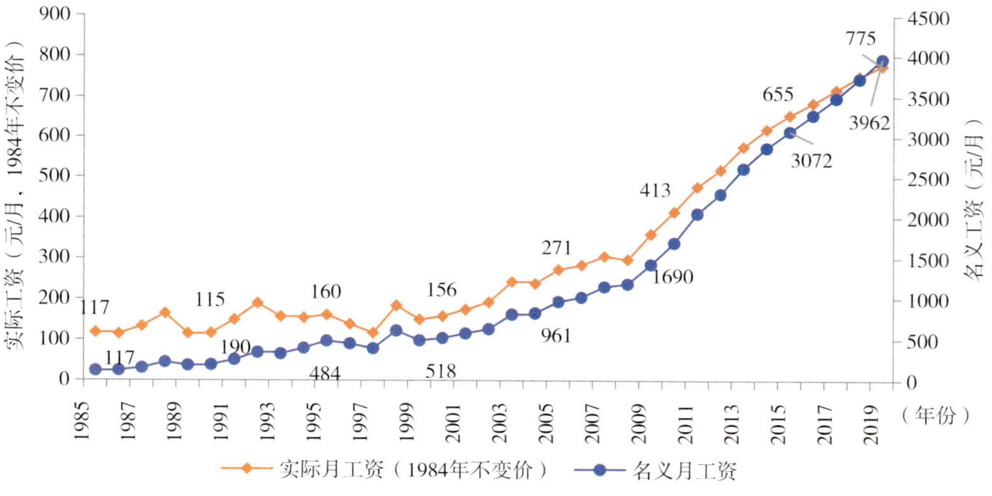

图 13　流动人口收入持续提高

资料来源：中国国际发展知识中心《中国减贫的战略演进与内在逻辑》第四章，基于 Lu（2012）。2013—2019 年名义月工资数据来自国家统计局 2013—2019 年《农民工监测调查报告》，实际月工资根据 CPI 换算。流动人口是指离开户籍所在地乡镇超过 6 个月的人口

外出务工人员对家庭的汇款增加了农村家庭总收入。农业部①在农村开展的年度调查数据显示，外出农民工收入占农村家庭总收入的比重从2004年的40%左右上升到2012年的55%（见图12，右图）。

由于能力较强的农民更有可能流动，因此需要校正选择性偏差来更加准确地衡量外出务工对于贫困的影响。Du等（2005）修正选择性偏差后发现，有转移就业的家庭人均收入比没有转移就业的家庭高8.5%~13.1%。根据1995—2002年的数据测算，本村外出人口每增加1个百分点，村内贫困家庭的消费会增加10%（De Brauw和Giles，2018）。这表明外出务工通过增加非农活动等方式促进了乡村繁荣。但Giles和De Brauw（2018）发现，富裕的家庭倾向于在本地非农业活动中增加劳动力供给，他们比贫困家庭更多地受益于人口流动，而贫困家庭则选择减少农业劳动力供给去乡镇外务工。

除通过汇款等转移收入增加家庭收入外，外出务工还提供了应对负向收入冲击的保障，鼓励家庭从事高风险的生产活动，从而减少了农村贫困。随着家庭收入来源多样化，家庭消费波动降低，高风险投资增加，家庭生产活动类型丰富（Kinnan，Wang和Wang，2018）。本村外出就业人口比例每增加1个百分点，村内贫困发生率就会减少3.2个百分点，而贫困人口中外出务工比例每增加1个百分点，本村村民陷入贫困的可能性会降低3.5个百分点（Giles和Murtazashvili，2013）。

外出务工提高了农村贫困人口生活水平，但也带来了不平等加剧等负面影响。随着中国城镇化水平不断提高，这将成为未来社会政策的重要挑战。许多农民工在低工资行业、非正规部门就业，更容易受到冲击。Guo等（2018）的研究发现，虽然农民工的收入贫困发生率

① 2018年，农业部职责整合，组建中华人民共和国农业农村部。

较低，但由于大部分农民工都将收入寄回家中补贴家用，他们的消费贫困发生率较高。取得城市户口并在城市定居的农民工比没有城市户口的农民工消费支出要高出30%（Molnar 等，2017）。农民工住房条件（尤其是卫生条件）和医疗保障情况不尽如人意（Guo，Tan 等，2018）。这也是许多其他发展中国家的流动人口和非正规就业人员面临的挑战（世界银行和国务院发展研究中心，2014）。[①] 在中国，这些问题一定程度上被农民工赚取收入的正向作用所抵消（中国国际发展知识中心，2021），但毫无疑问，未来的社会政策必须要解决这些问题。

即使放宽了户口规定，外来人口尚未充分享受城市公共服务（如教育和医疗卫生服务）和社会福利（如住房补贴、失业救济金、残疾津贴和养老保险）。2014 年，中国建立了统一的全国居民户口登记制度。[②] 这一制度对大城市和中小城市采取了差异化政策，鼓励农村人口落户中小城市，赋予其享受社会公共服务的权利。然而，改革仍面临很大阻力。地方政府由于资源不足无法为农民工提供充分的公共服务，城市企业也不愿意为农民工获得正式的城市就业身份而支付额外费用。Giles 等（2021）使用中国乡城人口流动调查（RUMiC）数据分析发现，[③]2016 年 68% 的外来务工人员仍在非正规部门就业，其中加入城市医疗保险和社会保障[④] 的比例不到 20%，但正式就业的外来人口加入城市医疗保险和社会保障的比例超过 80%。

---

① 正如世界范围内现有文献中所讨论的，与城市化相关的问题包括：拥堵（Abou-Korin，2011）、犯罪（Burton，2000；Shopeju，2007；Jalil和Iqbal，2010）、教育（Kayaoglu和Naval，2017；Davis，2020）、住房（Rahman，1985；Oopi和Phua，2007）、交通（Barter，2000）、就业（Zhang，2016）、健康（Godkrey和Julien，2005；Sclar等，2005；Gong等，2012）、水和卫生设施（Costa等，2016；Vander Bruggen等，2010）、环境质量（Nyambod，2010；Imam和 Banerjee，2016；Ooi，2009）。

② 早期中国为此做出的努力包括在2008年出台的《中华人民共和国劳动合同法》明确规定，所有工人，无论其户口身份如何，均可参加城市社保。但仍限制外来务工人员享受其他社会服务。

③ 有关中国乡城人口流动调查（RUMiC）数据库的更多信息，详见附录。

④ 新农合参保比例达到了81%。

多项研究发现，父母外出务工对儿童健康和学习成绩有正向影响，[①] 但关注儿童心理健康、行为问题和犯罪的研究一致认为，父母外出务工对孩子有负面影响，[②] 与父母相处时间减少带来的负面效应超过了收入增加的正向效应。研究结论显示，父母外出务工带来的经济收入增加无法解决监管缺失、亲子关系弱化、沟通不足等带来的问题。[③] 在留守老年人福利方面的研究也发现了类似的结论。[④] 随着收入水平提高，非物质层面的匮乏在影响整体幸福感方面往往发挥更大作用。

加强基础设施投资：改善互联互通，为贫困人口创造就业机会[⑤]

政府对基础设施的持续投入是中国经济增长和减贫工作中的重要一环（Straub，2008；Chatterjee，2005）。改革开放之初，中国在基础设施特别是交通基础设施方面还存在诸多短板。[⑥] 可以说，基础设施是国内市场一体化的重要催化剂，帮助贫困人口进入市场、销售自己的产品并满足自身消费

① 就留守儿童的营养状况而言，父母外出务工并非负面，甚至是有益的。父母外出务工可以降低幼儿发育迟缓、体重不足和消瘦的风险（Shi等，2020）。Chen等（2014）和Bai等（2018）发现，父母外出务工可能会对留守儿童的学业成绩产生积极影响。此外，Zhou等（2015）研究表明，留守儿童在健康、营养和教育方面的表现与同双亲生活的儿童相同或更好。

② 关注儿童心理健康和犯罪的研究表明，父母外出务工对儿童心理健康和犯罪的影响明显是负面的（Tang等，2018；Guang等，2017）。通过对39篇中英文学术文章的分析，证实了留守儿童患抑郁症的普遍性（Wang等，2019）。留守儿童也更容易出现吸烟、饮酒等不健康行为（Yang等，2016）。此外，外出务工时点和持续时间影响儿童入学的概率和时间（Yang和Bansak, 2020）。Hu（2012）发现家庭的汇款补助只能部分弥补父母不在对高中入学率的负面影响，父母外出对高中入学率的净负面影响在贫困家庭的女孩和儿童中尤为显著。

③ 请参阅Giles和Mu（2021）的文献以了解更多内容。

④ Yi、Liu和Xu（2019）确定了外出务工对留守老年人健康状况的积极影响，而Song（2017），Li等（2020），Huang等（2016）发现了外出务工对老年人身体健康有负面影响。

⑤ 本部分基于中国国际发展知识中心《中国减贫的战略演进与内在逻辑》第五章。

⑥ 例如，Fan和Chan-Kang（2005）发现1980年中国每千平方公里土地只有97公里的公路，印度每千平方公里公路长度为230公里，东南亚国家的密度则更高。虽然Benziger（1993）估计中国的密度较高，但仍低于印度。

需求，使得中国内陆省份和农村地区共享出口导向发展和有序城镇化的收益。

基础设施投资是推动中国经济快速发展的关键因素。工业化和城镇化极大地增加了对能源、水和工业用地的需求。如果没有相应增加基础设施投资，中国的增长将受到制约。中国在20世纪80年代对基础设施投资相对有限，20世纪90年代起投资水平逐步回升。2008年全球金融危机后，政府加大公共投资力度，中国基础设施投资水平快速上升（Herd，2020）（见图14）。大量的跨国比较研究为经济增长与最低限度的基础设施投资之间的因果关系提供了证据。[①] 但是，这类文献表明两者的关系不是线性的，当公共基础设施投资超过一定水平后，两者关系的决定因素是政府提供的公共服务质量和使用者以纳税或付费等方式的支付意愿。

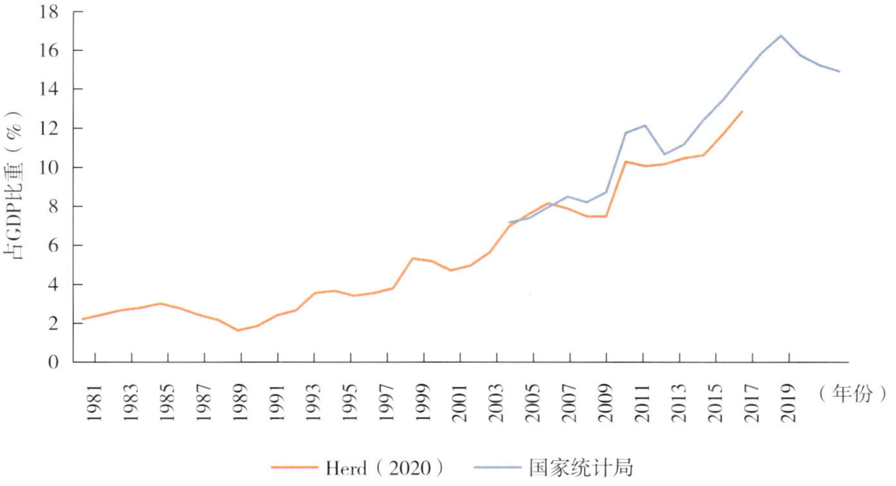

图14 1990年以来基础设施投资稳步增长

资料来源：Herd（2020），国家统计局

中国的基础设施投资融资将一般政府转移支付和地方土地开发拍卖手段相结合，特别强调提高覆盖率。中国目前

① Rozenberg 和Fay（2019）提供了相关文献综述。

的基础设施融资方式在20世纪90年代初的分税制改革之后确立，直到2010年左右都取得了不错的成效。为了应对全球金融危机，中国通过债务融资支撑基础设施投资，其可持续性不容忽视。通过对工业行业和家庭用户的大量交叉补贴，电价可以覆盖能源部门的资金成本和运营成本（世界银行和国务院发展研究中心，2014；世界银行，2020），但是其他基础设施部门（如交通运输，水务和其他市政服务）通常无法收回资本成本（有时甚至是运营成本）。① 如今，尽管中国人均国内生产总值仅为经济合作与发展组织国家平均水平的1/5，但就业人员的平均公共资本存量（主要由基础设施资产构成）与经济合作与发展组织国家的水平相当（世界银行和国务院发展研究中心，2019）。基础设施投资对经济增长的拉动作用可能不会持续。

中国基础设施通过3种途径促进减贫。首先，它极大地促进了有竞争力的企业在内陆地区和农村地区的设立发展，发挥了催化剂的作用。其次，基础设施建设运营是一项劳动密集型产业，对劳动力技能要求不高。在一些政府主导的减贫政策中，发展基础设施和创造就业两项政策目标相辅相成。例如，在农村道路或灌溉设施的公共投资中，通过在招标文件中加入招聘当地贫困人口就业的要求，使得本地低技能工人受益。最后，在贫困地区，政府对安全用水、连通性基础设施和能源等领域的投资直接扩大了贫困家庭获得基本公共服务的机会，从而改善贫困人口福祉。

改革开放初期，城际高速公路的大量投资推动了中国经济改革发展，特别是在沿海地区（Hajj 和 Pendakur，2000）。中国高速公路总长度从1988年的147公里增加到2002年的25130公里②，年均增长44%。相比之下，等级较低的农村公

① 改革开放以来中国出台了一系列政策文件强调基础设施的可及性和可负担性，其中包括1983年交通部提出的“道路和水道是供所有人使用的”，以及1988年颁布的《中华人民共和国水法》。有关中国基础设施政策的比较评估，请参阅世界银行基础设施基准年度报告（https://bpp.worldbank.org/）。

② 2020年，中国高速公路总里程为16.10万公里。

路长度在同一时期的年均增长率仅为3%（Fan和Chan-Kang，2005）。然而，1994年《国家八七扶贫攻坚计划》实施之后（见第四章），中国政府更加重视农村地区互联互通基础设施建设。

有明确的证据表明，对农村公路等连通性基础设施投资有助于促进农村地区农业和非农业发展（Fan和Chan-Kang，2005；Fan等，2005）。[①]这一结论与在其他国家的研究发现一致（Jacoby，2002）。Fan等（2005）测算了公共基础设施投资减贫效应的上限：在20世纪90年代中期，中国在公路建设投资上每支出1万元可以帮助3个人脱贫，而在电力和通信建设上每支出1万元可以帮助2个人脱贫，在灌溉基础设施投资领域每支出1万元可以帮助1个人脱贫。这些影响在西部地区比其他地区要更大（西部地区每花费1万元用于农村道路建设可以帮助10个人脱贫）。大量其他研究也肯定了基础设施投资对农村经济增长的正面溢出效应（Yu等，2013）。

除了在经济改革发展中的基础性作用外，基础设施还扩大了农村低技能工人的就业机会。农村基础设施的大部分建筑工人是当地居民或来自农村地区的务工人员。建筑业吸收外来务工人员就业的能力持续增加，1997年，15.2%的农民工在建筑业就业，[②]到2013年这一比重增加至22.3%，2019年又下降到18%。建筑行业就业工资十分可观。2019年建筑行业的农民工月薪为4567元，比农民工平均水平高出15.3%。

此外，基础设施建设作为区域扶贫开发的政策工具直接推动了减贫。以工代赈等公共工程为贫困人口创造了就业机会。分配给支持不发达地区或贫困地

① Fan和Chan-Kang（2005）着眼于中国的交通基础设施，发现农村道路对农业国内生产总值增长的贡献是高速公路的4倍（低质量的农村道路每1元人民币可产生1.57元的农业国内生产总值，高于高质量道路的贡献）。在农村道路上每花费1元，非农业国内生产总值就增加5元。Fan等（2005）估计投资道路对农业国内生产总值的影响（每1元人民币可产生2.1元的农业国内生产总值）比电力（0.54元）、灌溉（1.8元）或电信（1.9元）更大。农村地区公路和电信业投资的增长弹性尤为突出。

② 中华全国总工会政策研究室（1998）。

区的资金总额中，有20%~30%用于农村基础设施建设。[①] 以工代赈的小型公共工程建设主要面向贫困地区，为当地贫困人口直接提供就业机会。这些项目通过参与性机制将农村社区纳入基础设施建设规划、管理和维护全过程，并为增加贫困人口就业设计特定机制，如规定总投资中本地工人工资占比的下限。Zhu和Jiang（2002）、Zhu（1997）在陕西和四川的两个县对以工代赈进行了实地研究，证实了以工代赈项目对减贫的积极影响。

最后，基础设施在减少多维贫困方面发挥了核心作用。中国将县级基础设施发展纳入脱贫标准中。根据中国营养健康调查的数据，Qi，Wu（2015）发现，1989—2009年，改善水、卫生和住房条件使儿童多维贫困发生率从64%下降至19%。联合国开发计划署人类发展研究所的多维贫困指数显示，2010—2014年，中国多维贫困人口减少了7000万人，多维贫困发生率从9.5%下降到4.2%。具体指标中，缺乏卫生设施的人口比例从4.4%降至1%，缺乏饮用水的人口比例从7.2%下降到2.1%，缺乏电力供应的人口比例为零。

① 1980—1990年，支援经济不发达地区的发展资金中的20%用于农村基础设施建设。这一比例在《国家八七扶贫攻坚计划（1994—2000年）》和随后的《中国农村扶贫开发纲要（2001—2010年）》实施期间基本保持稳定。2010—2019年，中国财政扶贫资金中的33%以上用于农村基础设施建设。

第四章

政府主导的扶贫战略与政策

政府主导的扶贫战略与政策在改善农村贫困人口生活方面发挥了重要作用。各类扶贫开发战略和政策有力支持了广泛的经济改革发展。中国的扶贫开发战略既包括针对贫困地区的区域扶贫开发，也包括针对贫困户的保障性扶贫政策。中国的扶贫战略的特点是以发展为导向（开发式扶贫）——意味着其重点是通过为贫困人口创造经济机会促进减贫。开发式扶贫经历了从区域瞄准到县级瞄准，再到家庭瞄准，逐步演变。对于贫困家庭"以保护为导向"的保障性扶贫也是中国政府扶贫政策的重要组成部分。本章会再次提及。[①]

开发式扶贫包括专项财政资金支持机制和区域协作机制。而以保护为导向的保障性扶贫政策包括社会救助、社会保险、社会福利和其他特定社会政策等。[②]两种政策手段的目标是一致的，它们之间没有明确的界限，而是相互补充共同推动减贫。例如，以工代赈等公共工程项目是典型的为贫困人口提供最低安全保障的援助项目，但它也为贫困地区创造了基础设施资产，是区域扶贫开

① 本章基于中国国际发展知识中心《中国减贫的战略演进与内在逻辑》第六章和第七章以及Freije和Zhao（2021）。

② 这些措施包括但不限于社会保障，还包括专项健康计划、教育计划和住房计划。这超出了传统的社会保障范围。

发体系的一部分。另外，一些社会救助政策将现金救助与就业帮扶相联系（例如，为能够劳动的低保户提供就业机会），这些保护性措施实际上以开发式扶贫的方式运作。将生产活动包容性作为重点的项目随着时间的推移不断增加，越来越普遍。[①] 自 2013 年开始，精准扶贫战略将开发式扶贫政策与保障性扶贫政策相结合，致力于实现消除绝对贫困的目标。

区域扶贫开发战略

中国的减贫战略历经了 4 个阶段，每个阶段各有侧重（Liu 等，2020）：救济式扶贫（1978—1985 年）、开发式扶贫（1986—2006 年）、开发式扶贫与社会保障制度相结合（2007—2012 年）、精准扶贫（自 2013 年起）。其中，前 3 个阶段是主要瞄准贫困地区，精准扶贫瞄准对象是贫困户。扶贫开发政策的目标区域随着时间的推移不断变化，具体政策也随之进行了调整。中国根据致贫原因的变化不断完善贫困瞄准方式：从提供全国性基本救济，到广泛实行区域扶贫开发战略，再到在贫困地区、贫困县、贫困村等更加具体层面实施专项扶贫政策和计划，最后直接瞄准特定贫困户。同时，社会保障体系的覆盖范围也不断扩大。

20 世纪 80 年代中期，中国实施“三西”地区农业建设，首开区域性扶贫开发之先河，以解决中西部落后地区经济增长和收入滞后的问题（Freije 等，2019）。1986 年，在“一部分地区、一部分人可以先富起来”的政策提出后，国务院扶贫开发领导小组成立，其主要职能是“协调各类扶贫战略，推动贫困地区经济发展”（世界银行，2009）。国务院扶贫开发领导小组以县级农村居民人均收入为主要指标确定国家级贫困县，

① 有关全球将两者结合的证据，请参阅https://www.peiglobal.org/。

加上省级贫困县，全国2100个县中有700个为贫困县（世界银行，1992）。从那时起，以贫困县为单位进行政策干预成为中国扶贫政策的重要特征。

1994年，中国出台了《国家八七扶贫攻坚计划》（八七扶贫计划），旨在力争用七年左右的时间解决当时8000万贫困人口的温饱问题（当时的贫困标准为1985年206元，按2011年的购买力平价计算为每人每天0.98美元）。同时将国家级贫困县调整到592个（世界银行，2001），这些贫困县主要集中在山区。八七扶贫计划的主要内容包括支持发展农业活动和非农就业机会（由贴息贷款支持），雇佣农村劳动力进行道路、电力和安全饮用水等基础设施建设（以工代赈项目），普及义务教育，加强疾病预防与医疗保健，建立地方政府对财政转移支付负责的监督体系，以及动员政府和非政府机构共同参与减贫工作（见第五章）。

《中国农村扶贫开发纲要（2001—2010年）》完善了贫困识别的标准，并拓展了政府帮扶范围。到2001年，中国贫困县内的农村贫困人口占比已经从1994年的73%下降到62%，因此需要调整区域扶贫开发政策的瞄准目标。这一阶段，中国将贫困瞄准目标从县转移到村，确定了14.8万个贫困村，其中包括一些不在贫困县范围内的村庄。[①]全国有76%的农村贫困人口居住在贫困村内。贫困村可以申请支持本地生产和基础设施的扶贫项目（包括以工代赈项目、就业培训项目和技术推广服务等农业企业发展项目，请参见第三章）。此外，贫困村还可以通过参与式方式获得社会性基础设施（包括学校、诊所、社区及活动中心）的支持。

有多项研究对扶贫政策对贫困地区的影响进行了量化分析。例如，Park等（2002）发现，1986—1992年的大规模扶贫计划对贫困县的农村收入产生

① 世界银行2001年贫困评估建议把贫困人口的识别范围从县转移到村。中国在2000年后一共识别了14.8万个贫困村，并引入了社区帮扶计划。

的积极影响不大，对收入相对较高的邻县产生了正向的溢出效应，这表明在贫困瞄准方面还存在不足。相反，Wang等（2004）发现，1994—2000年实施的八七扶贫计划将资源向深度贫困县倾斜，这意味着贫困瞄准更加符合现实所需。同时，贫困县的经济增长率和家庭收入增长率均高于全国平均水平（Wang等，2004）。Meng（2013）利用断点回归法分析后发现，八七扶贫计划使贫困县农村居民收入增加了约38%。但也有证据表明，贫困县内贫困家庭的受益水平要低于其他境况相对较好的家庭（Wang等，2004）。

除了区域瞄准的有效性不断提高，区域扶贫开发政策所覆盖的贫困人口占比也不断改变。在不同阶段的扶贫战略中，生活在贫困地区的贫困人口占比持续变化，从最初占贫困总人口的75%左右（1994年八七扶贫计划中占73%，2001年发布农村扶贫开发纲要时占比为76%），到2010年这一占比下降至62%左右。为了减少瞄准偏差，中国的扶贫开发战略，包括《中国农村扶贫开发纲要（2011—2020年）》，逐步细化贫困地区名单，降低贫困瞄准的行政单位级别（从县到村）。到2010年，中国明确提出需要在区域瞄准的基础上，实行针对贫困户的扶贫战略（世界银行，2007，专栏3）。[①]2005年左右，中国农村地区社会保障政策覆盖范围不断扩大，2013年后中国开始实施精准扶贫战略，这反映出细化贫困瞄准的必要性，从而实现区域扶贫开发所无法达到的目标。

社会保障政策

2005年之前，农村地区基本社会保障和社会服务主要由县级以下基层政府提供。但随着土地制度改革不断深入、农业税制改革和农村市场经济发展，乡镇逐渐失去其提供基本社会保障

① “从贫困地区到贫困人口”是2007年世界银行贫困评估的主题，该评估表明，区域扶贫战略（包含592个贫困县）没有将相当大比例的农村贫困人口纳入帮扶。

专栏3　中国如何利用国际组织的专业知识改善贫困瞄准

中国有效地利用了国际组织的专业知识完善扶贫政策和贫困数据。世界银行、亚洲开发银行、联合国开发计划署以及许多其他国际组织帮助中国改进了贫困测量和监测方法，分析了中国贫困的概况和演变趋势，并引入了新的贫困概念。世界银行的3份贫困评估报告（1992年、2001年和2009年）推动中国政府不断完善其扶贫战略，从广泛的区域扶贫开发转向了更为精准的、针对贫困村和贫困户的扶贫战略。亚洲开发银行的工具（例如，用于确定贫困村的多维贫困指数①）也发挥了重要作用。

中国与国际组织建立知识合作伙伴关系的一个标志是中国相关机构（国家统计局、国务院发展研究中心、中国社会科学院）与国际组织之间开展紧密合作，并将相关建议纳入国家政策议程中。这不仅包括在分析问题时的技术援助，还包括开展减贫政策试点，评估政策效果，使政府在推广政策前有足够试验和评估。其中一个案例是多部门合作推动农村减贫和参与式扶贫。

的功能。②此后，中央和各级政府通过财政转移支付改善了农村社会保护，其中最主要的形式是以社会救助手段为无法参与经济活动的贫困人口提供现金转移。表2列出了向农村地区扩展的社会保障项目。

随着农村老龄化不断加速，2010年左右老年贫困问题被纳入政策议程。有

① 2000年中国宣布减贫战略目标从县转到村。为了支持这一举措，2001年，亚洲开发银行提供了识别贫困村的技术，开发了参与式贫困评估方案（Participatory Poverty Assessment，PPA）。在这一评估中，基础设施如人畜饮用水条件、供电率、高速公路覆盖率是贫困村的重要判别标准（Wang，2007；Tang和Liu，2020）。

② 改革开放初期，城市就业人员的社会保障由企业提供。随着国有企业改革，城镇首次出现失业问题，政府开始制定社会保障政策。城市地区比农村地区更早获得社会保障投入。

补贴的养老保险制度从试点开始逐步向全国推广。2009—2013 年，中国的养老保险覆盖人数增加了两倍（ILO，2016）。自 2014 年起，中国实行统一的城乡居民养老保险制度，但其待遇水平仅为国家贫困标准的一半（见表 2）。到 2020 年，几乎所有符合条件的农村人口都参加了基本养老保险和医疗保险[①]。农村社会保障为农村人口提供了基本保障。

经过一系列试点后，农村最低生活保障制度（低保）于 2007 年在全国启动并迅速推广。到 2010 年，农村低保人口超过 5200 万，到 2019 年下降至 3450 万。农村低保制度是中国政府首次为收入低于低保线（由地方政府制定）的农村居民提供最低收入保障。低保资格通过多维标准（收入、资产、住房条件、教育、健康、就业）来确定。一旦农村家庭获得低保资格，通常会获得表 2 所列的其他多种社会救助福利，如教育和医疗救助（Wang 等，2017）。考虑到本地财政状况，地方政府往往将农村低保标准设定得较低，这不利于覆盖全部贫困人口。2015 年，大约一半的贫困县存在低保标准低于农村贫困标准的情况（Wang 等，2017）。随着精准扶贫战略实施，各地都将农村低保标准调整为高于国家贫困标准的水平。在具体政策实施过程中，是否符合领取低保资格由当地政府确定。

有学者使用调查数据对社会保障制度的减贫效果进行研究。例如，Li 等（2017）使用 2013 年 CHIP 数据分析后发现，公共转移支付使农村贫困人口减少了近 4 个百分点（从 12.3% 降至 8.4%）。[②]在公共转移支付中，缴费型养老金和新型农村养老金（主要是非缴费型）的减贫贡献占一半，即 2 个百分点，而低保等社会救助转移支付的贡献约占 0.6 个

① 世界银行认为，21世纪初期30%的贫困人口因生病未就医或医疗负担过重陷入贫困，并得出结论，医疗支出是导致贫困的首要原因。医疗保险制度缓解了部分支出压力（农村贫困人口的合规住院费用报销比例达到80%），大大减少了贫困人口的自费支出。

② 严格地说，作者计算了有公共转移收入的贫困率和没有公共转移收入的贫困率。这意味着，如果公共转移支付不会对受益人的行为产生影响，消除公共转移支付将使贫困率增加4个百分点。在这个意义上，它可以看作是一个上限。

表 2 中国城乡主要社会保障计划

社会保障项目	开始年份[b]	参与人数、受益人数（次数）	支出/占国内生产总值比重（人民币元）	覆盖率	平均保障水平[c]
社会救助			8053 亿 / 0.8%		
城市低保	1997	860 万人	520 亿 / 0.05%	1.20%	503 元 / 月
农村低保	2002	3450 万人	1120 亿 / 0.11%	7.90%	272 元 / 月
特困救助	1985	468 万人	383 亿 / 0.04%	1%	727 元 / 月
医疗救助	2003	医疗救助 7050 万人次；资助参加医疗保险 8751 万人	502 亿 / 0.05%	—	住院救助 1123 元 / 次；门诊救助 93 元 / 次
灾害救助	1978	6000 万人	140 亿 / 0.01%	30%	
临时救助	2014	990 万人	140 亿 / 0.01%		181 元 / 月
住房补贴[a]	2009	4000 万人（其中农村 500 万人）	2940 亿 / 0.3%		7350 元 / 年
教育救助	—	9100 万人	1380 亿 / 0.14%		1516 元 / 年
就业救助	2016	540 万人（绝大多数为城镇人口）	780 亿 / 0.08%	63%	
以工代赈资金	1985	—	410 亿 / 0.04%		
社会保险		14 亿人	75660 亿 / 7.6%		
城镇职工养老保险	1993	4.65 亿参保职工，3.28 亿缴费职工，1.27 亿人领取待遇	48780 亿 / 4.9%	64%（根据 15 岁以上城市户口人口计算）	3302 元 / 月
居民养老保险（社会养老保险）	2014 合并	5.42 亿参保人，1.6 亿领取待遇人	3110 亿 / 0.3%	46%（根据城乡 15 岁以上人口计算）	162 元 / 月
城镇居民养老保险	2011	2400 万参保人		4%	
农村居民养老保险	2009	5.17 万参保人		85%	
城镇职工基本医疗保险		3.29 亿参保人	12660 亿 / 1.3%	74%	
居民基本医疗保险	2016 合并	10.25 亿参保人	8190 亿 / 0.8%	73%	
工伤保险	2008	2.54 亿参保人；200 万受益人（城镇）	817 亿 / 0.08%	33%	42090 元 / 次
失业保险	1997	2.05 亿参保人；500 万受益人（城镇）	1330 亿 / 0.13%	46%	
生育保险	2008	22.14 亿参保人（城镇）	760 亿 / 0.07%	55%	

资料来源：Freije 和 Zhao（2021），作者基于民政部以及人力资源和社会保障部的报告进行估算。大部分数据截至 2019 年，部分数据为可获得的最新数据。

注：a. 包括住房补贴、养老院补贴、精神病院补贴、孤儿之家补贴等。b.“开始年份”指的是该制度开展第一个试点的时间，在全国范围内的推广往往在几年之后。例如农村低保于 2002 年试点，2007 年推广。失业保险于 1997 年开始试点，2008 年在全国范围内建立。c. 平均保障水平指的是受益人每月收到的金额，或每年收到的金额，或每个案例一次的支付金额。d. 基本养老保险参保率（包括城镇职工养老保险和居民养老保险）超过 90%。

2019 年农村国家贫困标准为 268 元 / 月

百分点，其他各种补贴则贡献了超过1个百分点。Golan等（2017）以农村低保为重点得出了相似的估计。近年来，低保与精准扶贫的政策协同性提高，扩大了对农村贫困人口的保障（Westmore，2017）。但是年轻的农民工和非正规就业人员等群体仍未被纳入低保的覆盖范围，他们也很难得到其他形式的社会保护（见表2）。例如，2017年，只有17%的农民工参加了失业保险（世界银行，2020）。现行社会救助体系对于农民工的保障仍存在不足，如城市低保制度难以对暂时陷入低收入[①]困境的农民工进行帮助。

与国际标准相比，中国社会保障体系覆盖率达到了较高水平。根据ASPIRE网站2013年发布的CHIP数据[②]，世界银行分析得出，2013年中国最贫困的20%农村家庭社会保障（社会救助和社会保险）覆盖率达到76%，已处于世界较高水平，且高于东亚和太平洋地区45%的平均水平，也高于中等偏上收入国家57%的平均水平。但如果只考虑现金转移支付政策，最贫困的20%农村家庭中只有18%获得救助，他们中的大部分人通过其他形式获得援助：54%的人口获得补贴（如农业、教育、医疗和住房补贴），19%的人口获得实物补贴。最新估计表明，如果考虑其他来源的非货币形式的援助，中国通过多种形式的社会援助几乎实现了贫困人口的全覆盖（世界银行，2021b）。

在脱贫攻坚战初期，社会保障与精准扶贫之间制度协调不足，但随着时间的推移，越来越多的证据表明两项政策的协同性不断提高（世界银行，2021b，另见专栏6，贵州省政府部门间的数据交换）。尽管监测方法不断改善，但财政资源仍然是限制地方政府扩大社会保障覆盖范围和提高福利水平的关键因素。

① 虽然大部分省份的最低工资标准高于低保线一倍，但部分非正规部门就业的农民工的工资可能会低于低保标准。同时，农民工还要承担农村家庭成员的生活开支，导致其福利水平较低。

② 社会保护公平和韧性指数图（ASPIRE）和公平社会保障指标（ASPIRE）：The Atlas of Social Protection Indicators of Resilience and Equity, http://datatopics.worldbank.org/aspire/.

目前，仅有少数研究分析了开发式扶贫政策与社会保障政策之间的关系，对于社会转移支付是否如一些中国研究者［Wang 等（2017）是个例外］担心的那样造成了福利依赖也缺少研究。这类研究将成本和效率纳入考察范围，对于制定未来减贫政策意义重大。

精准扶贫战略

将 2020 年打赢脱贫攻坚战列为首要目标后，2013 年中国政府再次调整了减贫战略。2011 年出台的《中国农村扶贫开发纲要（2011—2020）》和 2013 年后不断完善的精准扶贫战略，标志着中国农村扶贫政策实现了从区域扶贫开发向精准扶贫的转变。2011 年，生活在贫困村的贫困人口占全部贫困人口数量的比例不到 2/3，政策亟待调整。同年，中国将集中连片特困县纳入贫困县范畴，全国贫困县数量达到 832 个。

精准扶贫战略旨在将剩余贫困人口的收入提高至国家收入贫困标准以上并改善多维度贫困状况。[①] 该策略覆盖了从贫困识别到贫困退出的整个过程，对帮扶谁、谁来扶、怎么扶、如何退以及防止返贫的各个环节进行部署。该战略以建立覆盖贫困家庭及其特定需求等信息的数据库为基础，根据当地实际情况寻找合适的脱贫方案[②]，同时建立结果导向的问责机制。具体帮扶措施包括就业和

① 在中国，这一系列多维度目标被称为“两不愁”和“三保障”。“两不愁”指的是“不愁吃，不愁穿”，即基本衣食保障，用来衡量家庭支出等货币福利水平是否超过了食品和非食品的贫困标准。“三保障”是指实现义务教育、基本医疗和安全住房保障。后期安全饮用水也被加入目标中。“两不愁”和“三保障”目标不局限于收入水平，贫困人口的实际受益水平远高于货币贫困标准。每个县都得到了财政转移支付以实现这3项保障。例如，“义务教育保障”包括政府对义务教育学生免除学杂费、免费提供教科书、对家庭经济困难学生补助生活费等。由于各个地区基础条件有差异，实现基本公共服务所需的投资需求不同。如中国国际发展知识中心《中国减贫的战略演进与内在逻辑》第一章所示，3个案例县（江西省寻乌县、青海省民和县、河北省大名县）的教育、卫生、住房和饮用水人均投资为3000元至略高于8000元人民币不等。

② 驻村工作队由一名受过良好教育的官员领导。驻村工作队任务明确、责任清晰，负责制定具体的地方扶贫方案。这些团队通常会驻村数年，与本地干部建立信任和理解，根据当地的需要调整政策干预措施。这对于发展本地的经济特别重要，有助于接纳并适应新的生产方法、发展当地农产品加工和提升销售能力。

产业发展、易地搬迁、生态补偿、发展教育以及社会保护等5个方面。[①] 精准扶贫战略整体上聚焦于为贫困家庭创造就业条件和稳定的收入来源，帮助他们摆脱贫困，同时与住房条件改善、技能提升、医疗保险覆盖、寻找就业机会等关键领域的支持政策相结合，并在必要时进行转移支付。

精准扶贫战略对贫困户识别方式进行了改进。贫困户识别采取了“自上而下”和“自下而上”相结合的方法。具体是指，国家统计局根据2010年国家贫困标准测算了全国和各省贫困人口规模。根据国家统计局的调查，中国农村贫困人口总数约1亿人，主要集中在中西部省份。在确定具体贫困人口的过程中，中国出动约80万名干部以总量为参考开展精准识别，对各县、各村的贫困户进行建档立卡。值得注意的是，“自下而上”识别中，家庭收入和消费等货币指标不再是唯一的判定标准。由于没有农村家庭准确的收入和消费数据，地方政府往往通过核实住房和耐用品等家庭资产作为收入贫困标准的补充。为了保证“不漏一户、不落一人”，当地方识别统计数大于国家总量时，可在总量基础上至少上浮10%。[②]

精准扶贫战略的实施并不总是一帆风顺。由于农村地区治理能力薄弱，在精准扶贫之前的识别中就出现了瞄准漏出（高于贫困标准的家庭被认定为贫困户）和瞄准遗漏（贫困家庭未能被识别出来）的问题。这要求在精准扶贫阶段对贫困家庭识别工作的开展进一步核实，并对贫困退出进行跟踪（国务院，2021）。事实证明，为促进地方官员实现减贫目标，建立强激励机制，对贫困退出进行监督尤其重要（见专栏4）。为了推动群众监督，中国还建立了监督举报机制。[③]

精准扶贫战略得到大量政府资金支持。2013—2020年，各级政府财政专

---

① 这5个领域被称为“五个一批”。

② 国务院扶贫办关于印发《扶贫开发建档立卡工作方案》的通知，http://nrra.gov.cn/art/2014/4/11/art_624_14224.html.

③ 包括2014年开通的扶贫问题举报热线“12317”。

项扶贫资金投入累计达到近1.6万亿元，其中，中央财政累计投入6601亿元（见图15）。2016年以来，中央和地方投入的专项财政扶贫资金显著增加。[①]最近公布的数据显示，2020年中央财政专项扶贫资金达到1465亿元，各级地方政府专项扶贫资金达到2083亿元。这些资金约占2020年国内生产总值的0.35%。此外，2013—2020年，中国还投入土地增减挂钩指标跨省域调剂和省域内流转资金4400多亿元，扶贫小额信贷累计发放7100多亿元，东部9个省（市）共向扶贫协作地区投入财政援助和社会帮扶资金1005亿元用于脱贫攻坚。2020年，包括贷款、金融授信和东部省份援助等在内的扶贫资金总规模是财政专项资金的两倍。下文将进一步讨论。

专项扶贫资金用于支持扶贫开发领导小组、国家发展和改革委员会等部门制订的各项减贫计划。[②]精准扶贫战略实施后，政府部门之间的横向协同作用进一步加强，特别是地方政府在预算执行方面获得更大灵活度。例如，2016年启动的由世界银行支持的广西扶贫项目试

专栏4　精准扶贫的人力资源投入和激励监督机制

中国通过各级官员的目标责任制来实现政策目标。目标明确的脱贫攻坚战同样依赖于激励机制、任务分配和结果指标等手段（详见专栏7）。精准扶贫战略由省、市、县、乡和村5级书记负责实施。上级政府和第三方机构每年对减贫成效进行严格的评价，对各级领导干部进行监督。

中央及各级政府投入史无前例的人力资源开展扶贫工作，在短时间内提升了贫困村干部的能力。截至2020年初，共向贫困村和软弱涣散村派出25.5万个工作组和290万名县级以上国家机关和国有企业干部（Xi，2020）。

① 2020年省级数据，尚未公开。

② 这些项目包括整村推进、易地扶贫搬迁、产业扶贫、以工代赈、雨露计划和革命老区开发建设。

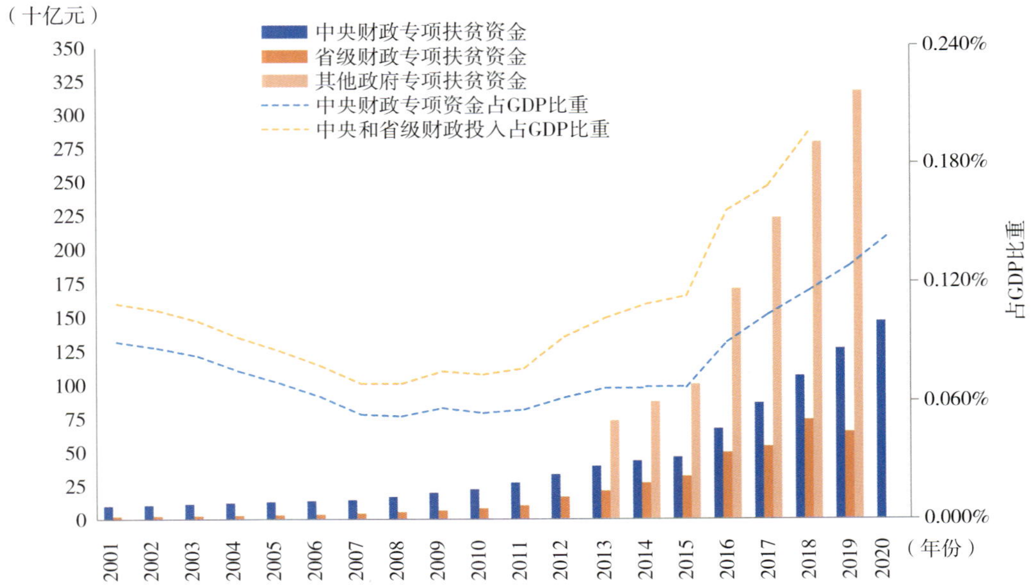

图 15　2001—2020 年中央和地方专项扶贫资金

资料来源：Freije 和 Zhao（2021），根据《中国扶贫开发年鉴 2019》和国务院（2021）编制。有些省份未披露其中央或省级扶贫资金的具体数额。其中，各级财政专项扶贫资金包括省级专项扶贫资金。2020 年部分数据尚未公开

点。为支持各地因地制宜，落实精准帮扶举措，在 832 个连片特困地区县和国家扶贫开发重点工作县实施了统筹整合使用财政涉农资金试点政策，将资金项目审批权限下放到县，支持贫困县根据实际需要统筹使用财政涉农资金。

此外，除专项扶贫资金外，行业部门也通过转移支付和人才支援等形式帮助改善贫困地区生活水平，估计其资金总额远高于中央财政专项扶贫资金。中国通过东西部扶贫协作支持西部省份脱贫。这一机制形成于 1996 年，在精准扶贫阶段得到重视（见专栏 5）。

来自政策性银行、商业银行和其他金融机构的金融资源与专项扶贫资金和东西部扶贫协作相辅相成。截至 2020 年底，全国扶贫小额信贷累计发放 7100 多亿元，累计支持贫困户 1500 多万户（国务院，2021）。中国各大国有银行都积极提供扶贫贷款，支持当地中小企业以及有兴趣在贫困县投资的企业发展，推动当地基础设施投资，在贫困户中普及金

专栏5　闽宁扶贫协作：固原市原州区案例

宁夏回族自治区位于中国西部，1996—2016年，宁夏的贫困县与相对富裕的沿海省份福建的一个县进行对口协作，每两年定期轮换对口县。在精准扶贫期间，宁夏原州区和福建马尾区建立了固定的结对帮扶关系。宁夏与福建协作内容涵盖6个方面：资金、干部交流、劳务协作、医疗与教育援助、商业与投资，以及技能培训。

资金。福建省政府每年为宁夏提供专项资金，宁夏回族自治区政府根据当地的实际情况需要将资金分配到各地。此外，福建的企业和对口帮扶区政府也会直接向宁夏原州区提供资金支持。资金支持金额随着时间的推移逐渐增加：从2012年的500万元人民币增加到2020年的6160万元人民币。除此之外，2020年福建还向原州区捐赠了1270万元人民币。这些资金主要用于基础设施建设、贫困户补贴、职业培训等。

干部交流。每两年福建省派遣2名政府工作人员到原州区任职，分别担任原州区副区长和区长助理。他们的主要职责是促进扶贫协作，帮助当地政府减贫。2020年，福建还派遣了6名技术专家。参与交流的工作人员和技术专家回到原岗位后晋升机会将会增加。相应地，原州区的工作人员也会到福建任职。

劳务协作。原州区的工人可以参加福建省的就业计划。工人在福建连续工作满6个月后，福建地方政府将为每位工人一次性发放13500元的补贴。而原州区政府也会发放额外的补贴。2020年1月至11月，福建共接收了2972名来自原州区的工人，其中近一半都是贫困户。

医疗与教育援助。每年，福建省政府从公立医院和学校中挑选医生和教师团队到原州区工作3~6个月。医生帮助治疗患有重大疾病的病人。这些医生和教师完成任务回到原单位后，有机会获得更高的职称。

商业与投资。为促进商贸交流，福建地方政府组织本地客商到原州区进行商业考察。2019 年，福建融侨集团投资 10 亿元人民币建设了一家大型牛肉加工厂，这是福建省在原州区最大的投资项目。据估计，该工厂可以创造 300 多个本地就业机会。马尾区政府还帮助原州区的企业在福建销售产品，如牛肉、羊肉、枸杞、葡萄酒以及其他农产品。

技能培训。2018 年，通过扶贫协作计划，福建飞毛腿集团（SCUD）在原州区建立了一所职业学校。这所学校对所有符合条件的当地学生免除住宿、饮食、学费和其他费用，这些费用均由公司承担。政府利用闽宁协作资金承担学校的一部分投资（320 万元），其余部分（800 万元）由飞毛腿集团承担。在职业学校，学生将接受为期 3 年的培训，其中 1 年在福州公司总部实习。飞毛腿集团保证为毕业生提供就业岗位，但学生可以自行选择是否接受该工作机会。截至 2020 年底，学校已招收 449 名学生，其中 269 名来自建档立卡贫困家庭。第一批毕业生共 44 名学生，目前已成为该公司的全职员工，平均月工资为 4000~5000 元。

资料来源：中国国际发展知识中心关于闽宁扶贫协作的案例

融知识。中国农业发展银行等政策性银行在为贫困县招商引资搭建平台方面发挥了重要作用。

企业、个人和民间社会组织也参与到扶贫工作中来。虽然很难衡量这部分资源投入的规模，但普遍认为近年来其规模显著增长，估计已达到国内生产总值的 0.5%（世界银行基于国务院 2021 的结果估算）。[①] 此外，消费扶贫动员城市居民积极购买贫困县的产品（Hou，

① 《人类减贫的中国实践》白皮书：人类减贫的中国实践，http://www.scio.gov.cn/zfbps/32832/Document/1701632/1701632.htm.

2020）。财政部等部门推动建立专门的网上销售平台，支持预算单位采购来自832个贫困县的产品。

数字技术推动精准扶贫制度创新成效显著。数字技术在贫困瞄准方面发挥了重要作用，也改善了贫困家庭与市场的互联互通状况。新的数字金融平台拓展了贫困地区和贫困人口的融资渠道（见专栏6）。中国已经找到了通过数字技术实现精准扶贫的有效方式。但中国在数字技术方面的经验无法完全复制到其他发展中国家，例如，数字技术发展需要大规模投资以实现互联互通，同时需要高质量的交通、能源和其他公共基础设施以及丰富的人力资本等作为补充（Luo和Niu，2019）。

2021年2月25日，通过全政府、全社会的共同努力，根据全国脱贫攻坚普查结果，中国宣布消除绝对贫困的任务圆满完成。

贫困地区的基础设施和生活条件有了较大改善（见表3）。贫困地区完成了农村公路改建110万公里。农村稳定供电率高达99%。排灌设施和防汛抗旱减灾能力也显著提高。98%以上的贫困村实现了光纤和4G网络覆盖[①]。

虽然精准扶贫已经实现预定目标，但目前还没有足够数据可以对其成本和收益进行评估。鉴于其动员了大量财政预算和其他资金，过去五年的减贫政策的效率和可持续性值得关注。Freije和Zhao（2021）通过分析2010—2017年的省级数据考察了公共支出对减贫项目和社会救助的影响。他们发现，近年来经济增长对减贫的作用降低，但由中央和省级政府财政专项扶贫资金支持的减贫项目对脱贫产生积极影响。虽然这种效果还需要进一步研究，但现有数据表明，每个农村贫困人口获得的财政专项扶贫资金增加10%，贫困发生率可以降低0.16至0.77个百分点（Freije和Zhao，2021）。[②]遗憾的是，Freije和Zhao（2021）没有

① 截至2021年底，中国所有行政村实现“村村通宽带”。

② 可能是由于样本量较小，这一系数不显著。

专栏 6 如何利用数字技术进行精准扶贫

精准扶贫

数字技术在贫困识别、扶贫政策选择、政策实施和资金使用等方面提高了扶贫工作的精准性和有效性。贵州省率先利用数字技术和综合数据平台开展扶贫工作。该省扶贫开发办公室启用了“贵州扶贫云”平台，汇总了748万建档立卡贫困人口信息（截至2012年），并应用地理信息系统（GIS）对贫困人口进行定位。它通过PC端和移动互联网App终端代替纸质表格更新数据，推动部门之间数据共享，及时发布政府减贫政策和具体方案。贵州扶贫云平台用户包括各级扶贫部门工作人员、地方帮扶负责人、第一书记、贫困村驻村干部等，用户总量超过40.9万人。

这一平台还记录了贫困户享受扶贫项目类型、项目起止时间、帮扶人数等，为因地制宜地推动产业发展、就业帮扶、易地搬迁等扶贫决策提供了支持。政府工作人员还可以查询贫困家庭获得各种补贴和救助资金的情况。该平台可以全面跟踪中央和地方财政专项扶贫资金、涉农整合资金的具体使用情况，还可以筛选出被错误纳入帮扶对象的非贫困家庭，有利于优化扶贫资源使用效率。

电子商务平台的普惠商业模式

电商平台大幅降低了小微企业进入市场的门槛，其演化出的分工带动了加工、物流、包装、客服等环节的就业，为贫困人口创造大量就业机会。中国超过5%的就业岗位来自电子商务。阿里巴巴和京东等电子商务平台公司积极开发普惠商业模式并推广公益项目，以改善贫困地区的市场准入、收入增长和能力建设（世界银行和阿里巴巴，2019）。2019年，832个贫困县网络零售额达到2392.4亿元（商务部，2020）[1]。到2020年，来自国家级贫困县的产品在阿里巴巴平台

---

① http://www.mofcom.gov.cn/article/i/jyjl/l/202006/20200602969096.shtml.

的营业额超过 2000 亿元（阿里巴巴集团，2020）。截至 2018 年，全国电子商务进农村综合示范工程带动近 300 万户建档立卡贫困户增收（国家发展和改革委员会，2018）①，在线零售为农村创造了超过 2800 万个工作岗位（中国国际电子商务中心，2018），惠及妇女、老人等弱势群体。2015 年 4 月—2017 年 3 月，来自 765 个国家级贫困县的 112 万人学习了淘宝大学 559 门在线课程（阿里巴巴集团，2017）②。

数字普惠金融

利用电商平台的交易数据，互联网企业建立的数字金融机构精准分析贫困户和小微企业的交易行为，评估其信用等级。即使在没有实物抵押的条件下，农村地区的贫困人口和小微企业也可以获得数字信贷、移动支付和互联网保险等金融服务。数字技术在融资中的应用为解决普惠金融“最后一公里”问题提供了新的方案，减少了抵押不足对贫困人口的影响。然而，我们应该对数字模型估计借款人风险方面的准确性保持审慎态度。相关监管改革（如要求金融科技企业个人征信业务获得单独许可、完善个人数据保护等）正在进行中。

2018 年，农村网银账户总数达到 6.12 亿户，覆盖 63.22% 的农村人口③；网上银行支付次数达 102.1 亿笔；银行为农村电子交易提供的收款业务额达 5783.4 亿元④。金融机构与互联网公司的合作进一步扩大农村金融覆盖面。

---

① http://www.gov.cn/xinwen/2018-04/20/content_5284269.htm#2.

② 阿里研究院：《电子商务助力中国减贫——电商减贫与普惠发展研究报告》，2017年8月。

③ 覆盖率是将2018年6.12亿农村网银账号除以9.68亿农村人口计算得出。但一个农村居民可能拥有不止一个网银账号。因此，这一指标还取决于如何定义农村人口（如前所述，按照户籍来算，“流动人口”属于农村人口）。Findex指标定义为“用手机或者网络使用银行账户，农村（%，15岁以上）”。中国2017年数据为35%，低于现有计算方法的结果。

④ 2018年农村地区支付业务发展总体情况，http://www.gov.cn/xinwen/2019-04/02/content_5378936.htm.

自2015年成立以来，中国第一家基于云计算的商业银行——网商银行已经为146个贫困县的400多万客户提供了无接触贷款。2017年，京东推出了数字农贷，基于农业生产的量化模型及历史生产数据给农民授信。数字农贷项目上线两年后，与山东、河北、河南等地100多家合作社合作，累计放款约10亿元，逾期率和坏账率均为零（Jiang和Liu，2020）。

表3 实现“三保障”和饮水安全的建档立卡贫困户比例

	“三保障”和饮水安全	建档立卡贫困户	
		国家级贫困县	非国家级贫困县
义务教育	在校就学	98.83%	99.06%
	送教上门	0.26%	0.57%
	因身体原因不具备学习条件、休学、延缓入学、已初中毕业等不在校	0.91%	0.37%
基本医疗保险	参加城乡居民基本医疗保险	99.85%	99.74%
	参加职工基本医疗保险	0.14%	0.24%
	新生儿等正在办理参保手续、处于参军等特殊保障状态或暂时不需要	0.01%	0.01%
住房安全	现住房鉴定或评定安全，或有其他安全住房居住	43.74%	58.26%
	通过危房改造实现住房安全	42.25%	34.70%
	通过易地扶贫搬迁实现住房安全	14.01%	7.04%
饮水安全	供水入户	93.67%	84.25%
	未供水入户但取水方便	6.33%	15.75%
	不缺水，水源充足	99.86%	99.95%
	供水有基本保障但有少量天数缺水	0.14%	0.05%

资料来源：2021年2月25日，由中国国家统计局和国务院国家脱贫攻坚普查领导小组办公室联合发布的《国家脱贫攻坚普查公报》（第二号）。

注：义务教育中的比例为在建档立卡贫困户中适龄少年儿童的占比；基本医疗保险中的比例为建档立卡贫困人口的占比；住房安全和饮水安全中的比例为建档立卡贫困户的占比

进一步细化具体减贫政策的效果，以提炼具有借鉴意义的经验。此外，该分析没有将有助于减贫的其他政策纳入考虑，例如贴息贷款、教育补贴和农业投入补贴。此外，政府为消除绝对贫困调用的资金中有很大一部分未列入预算且很难统计，进一步加大了对扶贫工作效率和可持续性评估的难度。

因此，未来需要对中国成功实现消除绝对贫困目标的经验进行深入分析。考虑到为防止返贫，中国设立五年过渡期，保持对贫困县和贫困人口的主要帮扶政策总体稳定，这种分析显得更加重要。我们在第六章会探讨中国减贫政策的未来方向。在此之前，我们从比较的角度考察中国的减贫成就，以供其他发展中国家借鉴。

第五章

中国减贫经验的借鉴意义

中国政府一直将减贫摆在治国理政的突出位置。中国快速的经济增长得益于良好的初始条件，包括受过良好教育的健康人口、低生育率、高储蓄率和公平的土地分配。通过经济转型实现减贫的经历并非中国独有，事实上，日本、韩国等其他东亚国家实现高增长的经验与中国相似，包括注重教育、实施外向型发展、重视基础设施投资、保持宏观经济稳定、支持市场竞争、实施与比较优势一致的结构性政策体系等（世界银行，2009；Ravallion，2009；Ravallion，2011）。中国将农业改革作为起点，通过促进生产力提高和收入增长，推动劳动密集型工业发展和城镇化的改革顺序是发展的重要经验，也为低收入国家的发展提供了有益借鉴。

中国的发展经验与其他东亚国家的相似性还体现在：第一，中国采取了开发式扶贫战略，注重发挥贫困群体的主体作用，而不仅仅强调再分配。这是由于中国相信需要用发展的办法消除贫困，创造就业机会是减少贫困的主要驱动力。改革开放之后十年，中国才开始向贫困地区和人口进行大规模转移支付，当贫困发生率降至10%以下这种再分配政策的作用愈加突出。虽然近些年公共转移支付规模不断扩大，但受益人口占比仍然较低，且大部分转移支付都是以实物形式提供的。社会保险覆盖面持续扩大，但非缴费社会保险项目的受益水平较低。中国和其他东亚国家一样，将大量公共资源投入基础设施，以改善互联互通状况、支持投资和创造就业，推动了中国收入持续增长。与“亚洲四小龙”一样，中国未来也需要寻找新的增长动力。随着经济向创新驱动和服务业驱动转变，完善社会保障体系将鼓励人们从事高风险高收益的生产活动，并为那些受到经济快速转型影响的脆弱群体提供缓冲和基本保障。

第二，与日本、韩国和新加坡等国家一样，中国拥有一个“有能力且高效的政府”（Ravallion，2009；Bikale，2021）。这体现在政府能够做出明确而可信的政治承诺、能够有效协调各部门决策，并且汇聚各方力量支持国家目标的实现。中国的各项减贫战略很好地阐明了这些机制。虽然国情差异很大，但中国的制度发挥了与其他成功发展案例相似的作用（这些问题在专栏 7 中进行了阐述，详细论述见世界银行，2017）。

专栏 7　中国减贫政策体现包容性治理[①]

长期以来，人们已经认识到，有能力、可信任和有责任感的政府是发展战略成功的关键。《2017 年世界发展报告》（世界银行，2017）旨在分析有效治理的核心职能，包括可信的承诺、加强协调和促进合作。这 3 项核心职能在中国减贫政策的设计和实施中都有体现。

第一，中国政府很早就明确承诺消除绝对贫困，设立明确的目标、成立监督机构并设计问责制度。当仅依赖经济增长无法解决贫困“最后一公里”问题时，中国将消除绝对贫困作为“三大攻坚战”之一，并将其设定为“十三五”规划（2016—2020 年）的主要目标。减贫工作只许成功不许失败（Freije 等，

① 本专栏基于中国国际发展知识中心《中国减贫的战略演进与内在逻辑》第八章。

2020）。

第二，激励机制有效促进了各级政府之间的协调。例如，在过去十年中，扶贫开发领导小组成员单位不断扩大，几乎将所有部委纳入其中，这反映出对跨部门协调的重视。虽然中央政府通过扶贫开发领导小组办公室对减贫工作进行统一指导，但地方官员仍然有很大的政策试验空间，各地竞争激烈（Ang，2016；Heilmann，2008）。明确的奖励和问责机制、强有力的绩效管理制度确保官员将政府优先事项和个人晋升目标相协调（Xu，2011）。地方官员能否晋升取决于他们在实现政策目标方面的表现（例如，经济增长，社会稳定或减贫）。随着精准扶贫战略实施，贫困县脱贫摘帽的目标成为地方官员最重要的绩效评价指标之一，各级政府积极派员到贫困村和贫困县工作帮助其实现脱贫，并监测和报告脱贫进展。虽然地方腐败、挪用资源等现象偶尔发生，但整体上上级政府严密的监督和检查确保了精准扶贫政策的有效实施。财政政策鼓励地方政府调动必要的资源以促进脱贫绩效管理目标的实现。作为中国尝试规划预算创新的几个领域之一，在减贫领域，全国 832 个贫困县政府可以整合涉农资金，并根据本地实际确定资金使用方向（世界银行，2018b）。

第三，中国采取了全政府和全社会的路径实现减贫目标，这一点在精准扶贫阶段十分突出，政府部门和非政府部门开展了广泛合作。减贫工作（与抗击新冠肺炎时的举措类似）是中国采取社会动员方式的很好例子，各级政府、国有企业、学术机构等都积极参与减贫工作。这些组织被鼓励投入大量财力和人力资源推动减贫（Freije 和 Zhao，2021）。专栏 5 中描述的“闽宁扶贫协作”就是这种社会动员下的一个例子。

尽管中国扶贫工作所体现的治理机制可以应用于许多发展模式，但中国的特定制度无疑是独一无二的。例如，很少有国家具备动员各级政府党员干部的能力。此外，中国的治理机制虽然能有效实现经济增长或减贫等具体目标，但在处理多个目标时仍会面临各种挑战，需要在优先事项之间进行权衡（国务院发展研究中心和世界银行，2019）。

然而，中国经济改革发展的政策背景与其他国家有明显差异。广阔的疆域和地区多样性使中央政府强调省际竞争，通过循序渐进的试验和政策探索实现渐进式发展。这在一定程度上反映了中国对过多或过快放弃政府控制持有谨慎态度（Naughton，2018）。

中国开展政策试点，并通过试点不断学习的方式是政策具备极强适应能力的关键。正如邓小平提出的"摸着石头过河"，中国经济采取了渐进式发展策略，主要包括：农业和工业产品的市场化改革、有序推动人口流动和城镇化、国家在关键资产所有权和资源分配中发挥的重要作用等方面。由于初始条件不同，很难将中国与其他经济转型案例（例如苏联或东欧）进行比较（Raiser，1995）。与加强竞争和市场化改革相一致的渐进式改革，帮助中国企业和劳动力逐步适应经济改革发展的规模和速度。如专栏 1 所述，为说服农民采用新的生产技术而做出的不懈努力就是一个例子。

审慎的改革和政策试验相辅相成，使中国能够在政策失灵时进行及时调整（Kanbur 和 Zhang，2009；Ang，2016）。政策自主权为地方政府开展创新提供激励，这被学者称为"行政制度下的试验"（Heilmann，2008）或"有指挥的即兴发挥"（Ang，2016）。家庭联产承包责任制、乡镇企业改革和经济特区的产生都是在局部成功试点之后，被推广到全国范围。

中国的另一个经验是实施由大量数据支撑的扶贫战略。在 20 世纪 90 年代，这一点主要体现在使用家庭收支调查来确定贫困县和贫困村，并据此制定扶贫和发展目标。同样，在精准扶贫中，中国对贫困家庭进行了全面调查，识别贫困家庭的发展约束，引导资源向能够产生最大效用的项目和政策倾斜。全国贫困调查通过定期监测和评估推动地方政府精准施策。中国在这方面的经验可以通过允许更多外部研究人员使用相关数据得到更好的推广。

中国为应对经济改革发展导致的社会问题所采取的某些具体政策仍然是发展经济学家讨论的热门话题。中国有些经验是否能被其他国家借鉴仍不明确，包括城镇化政策（特别是户籍的作用）等问题。对这些政策的评估不属于本报告的范围，这里仅补充一些回顾性思考。

中国政府在改革早期就设置了有序城镇化的目标，其目的是限制大城市扩张，避免由于贫民窟的无节制发展导致的城市贫困。同时，通过允许人口流动为农村贫困人口外出务工提供机会，以提高其个人和家庭的收入。反对者指出，这种政策付出了人力成本，对社会流动和机会平等具有潜在的负面影响，也导致中国大城市经济集聚潜力未得到充分发挥（世界银行，2014）。由于缺乏可信的反事实证据，关于中国限制人口流动的好处是否超过其成本的问题仍需继续讨论。随着农村流动人口总量减少，各类限制措施逐渐取消。虽然过去户籍制度在调整农村居民向城市流动的速度、创造就业机会以及减轻城市服务压力等方面发挥了积极作用，但考虑到其可能带来的经济不平等问题，现在到了全面放开户籍制度的时候。

中国在很大程度上依赖公共基础设施投资刺激经济增长。本报告提供的证据表明，这些投资对经济各部门和减贫产生了显著的正向溢出效应。但是，鉴于农村地区仍然存在巨大的公共服务缺口，特别是在医疗卫生和教育服务方面，地方政府以“硬件基础设施”投资促进增长以及对土地融资的依赖可能会导致财政资源错配，长期来看也会产生较高的成本（国务院发展研究中心和世界银行，2019）。中国基础设施快速发展所带来的环境问题使人们认识到中国未来需要一个不同的、以服务业为驱动的增长模式。本报告最后一章探讨了向更绿色、更具包容性的发展模式过渡的挑战，以及其对低收入人口帮扶和社会政策的影响。

第六章

未来政策方向

从一个以农业为主的低收入经济体发展成今天中等偏上收入的工业大国，中国经历了漫长的发展过程。过去的四十多年里，随着经济状况变化，贫困的定义不断调整，扶贫政策也相应地发生了变化。展望未来，中国经济面临重大结构性调整，这要求中国再次调整对低收入人口的帮扶政策。

在本章中，我们将探讨3个会对未来政策产生重要影响的议题：（1）未来的经济增长模式和结构变化，包括向服务型经济转型、国内消费的作用、实现碳达峰碳中和承诺的要求，以及应对快速老龄化问题；（2）随着整体收入水平的上升，调整低收入标准；（3）将对低收入人口的帮扶政策与社会保障体系紧密结合，以应对现代经济中就业不稳定所导致的风险，并推动经济结构转型。

中国过去的经验为未来政策提供了方向，但是当中国处于中等偏上收入水平时，发达经济体的经验将具有借鉴意义。其中一条经验是明确的：衡量发展是否成功的关键标准是繁荣是否能被共享、发展是否能让高收入人口和低收入人口同样受益。

经济增长与促进低收入群体发展的新动力

中国的经济改革发展和城镇化进程并没有完成。农业在就业中的比重仍然偏高，而城镇化率相对较低，尤其是大城市人口占比较低。因此，可以通过跨部门和跨地区的劳动力配置进一步提高生产率。

然而，中国无法依赖与前四十多年相同的增长动力进一步提高整体收入水平，并且让不太富裕的家庭持续受益（国务院发展研究中心和世界银行，2019）。未来经济增长受到债务水平持续增加、对环境因素的担忧以及人口快速老龄化导致劳动力资源减少的影响。经济增长不能再依靠过去资本深化和低成本劳动力的方式维持，未来生产率的提高需要加强创新和广泛使用新技术。换句话说，中国经济需要实现重新平衡，从以劳动密集型制造业为基础的投资和出口导向型经济，转向由国内消费、服务业发展和高生产率驱动的经济模式。过去十年中，中国收入最低的40%家庭，服务在消费需求中所占的份额平均为40%，而对于收入最高10%的家庭来说，服务在消费需求中所占的份额达到51%（Merotto和Jiang，2021）。在中等偏上收入和高收入国家，健康、教育、娱乐、交通和通信、住房和其他服务平均占家庭消费的70%~80%。因此，中国仍有很大空间将经济发展重心转移到高附加值的服务业，并以此作为刺激收入增长和创造就业的新引擎。支撑这一转变所需的政策也会不同，需要支持服务业自由化和充分竞争、将大城市作为服务性创新中心、提升数字时代所需技能，等等。

势在必行的气候行动也将成为中国增长模式转变的动力。中国已明确承诺“二氧化碳排放力争2030年前达到峰值，努力争取2060年前实现碳中和”，这是一个具有重大影响的政策转型。建设一个绿色、可持续的中国意味着要进行深刻的经济和社会转型，这不仅会影响中国自然资产的使用和管理，还将重新配置所有生产要素，改变需求（消费）和供给（生产）的结构。转向以服务业为基础的经济体有助于减少碳足迹，但作为以服务为基础的创新中心城市需要为低碳排放做出规划。虽然实现碳中和存在转型风险和成本问题，但也刺激了技术创新、创造了就业和经济增长的机会。如果措施得当，转型可以减少贫困并促进公平。增强劳动力流动、加强社会保障制度建设、为受转型影响的群体提供多样性的收入来源等政策可以发挥重要作用。考虑到排放总量的上限不断下降，碳排放交易系统可以通过市场化的方式减少排放。

中国劳动力老龄化凸显了深化人力资本的重要性。在过去的几十年里，生育率下降所导致的抚养比大幅下降有效促进了减贫。然而，人口红利“窗口”自2007年左右已经关闭，全国劳动力规模开始萎缩，而农村地区老龄化更早、更快。根据目前的趋势预测，到2050年中国的人口抚养比将达到67.3%，高于同期美国63.7%的水平。新一代的年轻人必须抚养不断增长的老龄人口群体。除非可以通过调整社会政策来缓解老龄化影响，否则日益加剧的赡养问题将会影响巩固脱贫攻坚成果。

随着平均工作时间的减少（所有国家在发展过程中都看到了这一趋势），以及人口红利消失，为了保持劳动力投入，中国将需要提高劳动参与率，改善劳动力质量，而这两条路径都有足够的政策空间。虽然中国政府将人力资本积累作为首要任务，但仍面临巨大挑战。农村和城市之间的教育质量差距较大。尽管中国尝试通过转移支付实现教育资源均等化，但各地方政府教育资金投入水平仍然影响着学校的资金预算。要缩小这一差距，就需要对教育特别是农村地区教育进行投资。此外，由于大多数劳动力已经离开学校，推动成人教育和再培训项目的改革，如继续教育和“终身学习”等，也能使工人提高他们的技能。

为繁荣中国制定低收入标准和政策目标

自亚当·斯密以来，社会因素是导致贫困的根源。[①]世界银行根据全球最贫穷国家的贫困标准计算出的绝对贫困标准是购买力平价每人每天1.9美元，这一标准代表了在这些国家满足每日最低热量摄入和最基本的住房及衣物需求所需要的费用。世界银行认为这条线可以看作界定所有国家贫困的最低绝对标准（世界银行，2018）。然而，随着国家日益富裕，这一标准无法衡量贫困或决定帮扶力度。因此，国家贫困标准倾向于随着人均收入的增长而提高（Joliffe和Prydz，2016）。在过去的四十多年里，中国曾3次调整贫困标准，达到了每人每天2.3美元的水平。在全球范围内，考虑到不同国家的收入水平有所不同，自2016年以来世界银行建议使用3种不同的国际贫困标准，分别适用于低收入国家、中等偏下收入国家和中等偏上收入国家。对于中等偏上收入国家，世界银行建议使用每人每天5.5美元（2011年购买力平价）的贫困标准。

换句话说，中国对低收入人口的帮扶并没有因2020年消除绝对贫困而结束。如果采用中等偏上收入国家的贫困标准，仍有超过一定数量人口需要帮扶。关键是如何界定贫困或者低收入，这没有一个放之四海皆准的方法。有些国家基于满足基本需求的成本界定了较高的贫困标准（例如，2011年美国贫困标准定为2011年购买力平价每人每天21.7美元），有些国家倾向于使用相对贫困标准（大多数欧洲国家将其最低生活标准设为平均可支配收入中位数的50%或60%），有些国家采用多维贫困标准（如墨西哥将货币和非货币维度结合起来）。

转向更高的标准将影响帮扶政策的

① 在亚当·斯密时代，如果一个人甚至连一件亚麻衬衫都买不起，就会被认为是贫困人口。

性质。第一，随着低收入标准的提高，改善就业机会、提高劳动收入可能再次成为帮扶政策的关键驱动因素。事实上，2007—2018年，如果以每人每天5.5美元这一较高的标准衡量，几乎1/3的减贫是由提高劳动收入实现的。相比之下，劳动收入对于极端贫困人口脱贫贡献不大。第二，经济增长的包容性对改善低收入人口福祉至关重要。虽然中国改革开放最初三十年贫富差距迅速扩大，但在过去的十年里，随着城乡工资差距缩小、贫困地区经济增速高于全国平均水平，不平等加剧的趋势已经开始扭转（Kanbur，2018）。然而这一逆转需要巨额资本投资，而且这些投资并非都具有生产力（世界银行，2020）。对一个雄心勃勃期望成为高收入经济体的国家来说，现在不平等水平依然较高，亟待政策来解决。

应该注意的是，能够解决贫富差距问题的政策，不仅可以促进减贫，而且能够促进经济增长。当日本、美国和韩国成为高收入经济体的时候，国民收入前10%的群体收入所占的份额明显低于中国现在的水平（Dixon和Gill，2021）。因为低收入人口的边际消费倾向较高，向底层人口再分配能够促进以消费为基础的经济增长模式。此外，确保经济机会公平能够使中国在面对劳动力数量下降时，减少人力资本的损失。缩小在获得优质公共服务方面的差距，将成为确保未来数代人获得平等的经济机会、增加社会流动性的关键。此外，采取经济合作与发展组织国家普遍使用的累进税制可以在解决不平等和相对贫困方面发挥重要作用。最近的一项研究表明，中国的个人所得税较为平等，但其对贫富差距的影响有限（Lustig和Wang，2020）。在中国，累进的个人所得税只占财政收入的5%，而这一比例在经济合作与发展组织国家接近15%。

加强低收入人口帮扶政策和社会保障制度协同

中国政府非常清楚巩固脱贫攻坚

成果所面临的挑战。2021年初，政府宣布实施从精准扶贫到乡村振兴的战略转型，将核心机构国务院扶贫开发领导小组办公室重组为国家乡村振兴局。通过这种方式，政府确认了继续优先发展农业农村的方针。考虑到城乡收入差距居高不下，乡村振兴战略既着眼于促进提升农业生产率和可持续的环境以实现中国农业现代化，又注重总体上实现农村现代化，包括改善公共服务、创造农村非农就业机会。为了巩固脱贫攻坚成果，政府承诺在五年过渡期内保持在扶贫领域的主要帮扶政策总体稳定。这一承诺将确保在基层财政资源非常有限的情况下，通过中央和省级政府的转移支付为乡村振兴战略提供足够的财政资源。

虽然持续关注农村地区很有必要，但是城市居民的生活水平也值得关注。根据每人每天5.5美元贫困标准，2018年全国约有1/3的贫困人口居住在城市地区，而且这一比例还在上升。因此对乡村振兴的重视应该与创造就业机会相结合，并加大对城市贫困人口的社会保障力度，包括加强对许多消费贫困的非正式就业人口和外来务工人员的帮扶（Guo，2018）①。农村和城市地区的低收入人口所需的政策不完全相同，城市低收入人口融入现代经济的程度更深，并且面临各种冲击，例如暂时失业、失去住所、公共交通和住房开支等，以及流动人口因没有城市户口所面临的教育以及医疗服务问题。同时，他们的贫困问题可能是暂时性的而不是结构性的，这要求援助更为及时，以帮助其度过短暂的困难，防止恶性循环。

未来中国低收入人口特征发生变化，需要考虑整合精准扶贫和制度化的社会保障政策。如第四章所示，虽然中国社会保障网络的覆盖范围已经明显扩大，

① 作者发现，2015年，用每人每天3.1美元的贫困标准来衡量，虽然只有2%的农民工属于收入贫困，但12%的农民工处于消费贫困。另外，使用城市地区收入中位数衡量相对贫困标准，65%的农民工属于消费贫困，26%属于收入贫困。

但部分非正式就业人员和外来务工人员没有参加职工社会保险，他们仍然处于脆弱状态。低保等社会救助项目可以为这类群体提供帮助。社会救助项目的财政投入（每年约占国内生产总值的0.2%，2013—2020年累计投入占国内生产总值的1.5%）与精准扶贫投入水平类似，且政策对象也相似。但扶贫部门管理的建档立卡系统和民政部门管理的社会救助登记相互隔离。在精准扶贫战略中，部分地方政府把从两个数据库中获得的信息进行了比对（如专栏6中讨论的贵州案例），但仍然不够全面。今后对居民生活水平的动态监测需要加强政府部门之间的数据整合力度以提高效率，并在更广泛的范围内提高社会保障福利。尽管农村养老金覆盖面迅速扩大，但待遇水平偏低，保障基本生活能力不足。

一个完善的社会保障系统将更好地保护城市和农村地区的家庭免受冲击。中国政府应对新冠肺炎疫情的行动为探索社会政策的新途径提供了机会：中国做出了空前的努力，为在城市生活和工作的外来务工人员以及低收入群体提供保护，为他们提供收入支持以弥补工资损失。在抗击新冠肺炎疫情期间，避免由于收入不足而无法获得医疗卫生服务的努力有利于个人和社区。这些在危机时期进行的制度创新为今后中国低收入人口帮扶政策提供了有用的经验。

第七章

总　结

中国取得了什么成就？过去四十多年来，中国收入低于世界银行的绝对贫困标准 1.9 美元的人数减少了近 8 亿人。中国对全球减少极端贫困人口的贡献接近 75%。中国减贫的速度和规模在全球都是史无前例的。尽管中国已经消除了绝对贫困，但仍有相当多的人处于脆弱状态，收入水平低于中等偏上收入国家的贫困标准。因此，中国对低收入人口的帮扶尚未结束，还要不断推进共同富裕。

中国减贫的动力是什么？中国减贫历程首先是经济增长历程。正是因为改革开放政策，中国在 1978 年后实现经济快速增长。改革的成功部分得益于受过良好教育的健康人口、低生育率、高储蓄率和公平的土地分配制度等初始条件，也离不开改革开放政策。中国改革开放的主要内容包括注重教育、实施外向型发展、重视基础设施投资、保持宏观经济稳定、实施与比较优势一致的结构性政策体系，以及支持市场竞争等。这些政策既有其特殊性，也与其他高速增长的东亚经济体有共同之处。在某种程度上，自 1980 年以来的减贫成就反映了中国经济的追赶过程。

中国经济快速持续增长伴随着基础广泛的经济改革发展。改革始于农业部门，贫困人口直接受益于由市场激励机制改善带来的生产力提高。低技能要求的劳动密集型产业为农业剩余劳动力提供了就业机会。城镇化帮助农民工利用城市新机遇，外出务工提高了乡镇和村庄的家庭收入。对基础设施的公共投资改善了农村地区的生活条件，将其与城市和出口市场相联系。所有这些领域的改革都是渐进式的，有助于企业和劳动力适应快速变化的改革发展。

当贫困人口低于农村人口的 10% 时，精准扶贫和社会保障体系开始发挥更重要的作用。2013 年起实施的精准扶贫战略覆盖了从贫困识别到贫困退出的整个过程，对于帮扶谁、谁来扶、怎么扶、如何退以及防止返贫的各个环节做出部署。这一战略获得全政府、全社会的支持，不仅得到了大量政府资金支持，也调动了社会各方的资源，有效解决了“最后一公里”的问题，对于消除绝对贫困意义重大。

中国能为全球减贫事业提供哪些可借鉴的经验？中国的减贫经验在宏观和微观层面都具有借鉴意义。在宏观层面，首先，中国的宏观经济增长印证了相关研究发现。在过去二十五年间，年增长率达到 7% 或以上的发展中国家取得成功的要素包括注重教育、实施外向型发展、重视基础设施投资、保持宏观经济稳定、实施与比较优势一致的结构性政策体系，以及支持市场竞争等（世界银行，2008）。中国改革的优先顺序也很重要，最先是在能够实现最大生产力发展和收入增长的农业领域进行改革。当然，仅有好食材还无法做出一道好菜。其次，中国根据具体的制度背景制定了符合上述原则的政策。对中国来说，对增长、发展和减贫的可信政治承诺在政策协调方面发挥了关键作用。中国利用绩效激励和目标责任制来推动政策执行，同时允许地方进行政策试验以实现政策目标，为有效治理提供了重要的案例。

在微观层面，中国提供的经验包括：如何利用农业技术推广作为农业生产力提高的驱动力；如何利用电子商务的力量和强大的国内物流网络将农村融入城市供应链；如何利用经济改革发展带来的土地升值为互联互通和城市发展提供资金；以及如何利用全面的调查数据确定贫困地区和家庭，并根据需要确定政府干预政策等。部分微观经验体现在本报告的专栏中，其他的经验包含在《中国减贫的战略演进与内在逻辑》中，还有一些已收录在现有文献中（Ravallion，2009；Liu 等，2020）。要更好地了解中国减贫成功的原因和方法，从而使其他国家受益，还有很多工作要做。

中国过去的减贫成就对未来有什么启示？消除绝对贫困并不是中国政策议程的终点。中国政府承诺通过实施乡村振兴战略来巩固脱贫攻坚成果，目标是实现共同富裕。在此背景下，中国的政策应该继续以发展为导向，强调创造就业和经济机会，而不仅仅是提供社会福利。具体方法包括采用与目前人均收入水平一致的低收入标准，这使得工资收入上升再次成为减贫的关键驱动力。面对瞬息万变的劳动力市场，为确保所有人享有平等机会，需要消除在获得优质公共服务（尤其是教育服务）方面存在的差距。将低收入人口帮扶工作与中国现有的社会保障制度相结合，可以进一步提高效率，帮助降低低收入群体在经济向绿色化、城镇化、服务型转型过程中面临的风险。

未来开展中国减贫研究的方向是什么？对中国近年来的精准扶贫经验进行评估将有助于进一步分析具体政策干预及其相互作用，以更好地了解政策的有效性、可持续性及其效率。同时也需要从宏观层面对政策干预的成本和收益进行分析，从而理解“算大账”的含义，包括基础设施投资对减贫的影响、户籍制度得失，以及中国有序城镇化的政策等。在所有这些领域，都应该鼓励国内外的研究者、政策界和学术界人士开展广泛交流，在更大范围内提供高水平实证研究所需要的数据。这些努力将有助于中国的减贫成就在世界范围内得到应有的关注和理解。

参考文献

[1] Abou-Korin, A. A. (2011). "Impacts of rapid urbanisation in the Arab World: The case of Dammam metropolitan area, Saudi Arabia". In 5th Int'l Conference and Workshop on Built Environment in Developing Countries (ICBEDC 2011) (pp. 1-25).

[2] Anderson, Kym and Martin, Will. (2008). "Distortions to Agricultural Incentives in China and Southeast Asia". Agricultural Distortions Working Paper, 69. World Bank, Washington, DC.

[3] Ang, Yuen Yuen. (2016). "How China escaped the poverty trap", Cornell University Press.

[4] Azevedo, Joao Pedro, Gabriela Inchauste, Sergio Olivieri, Jaime Saavedra, Hernan Winkler. (2013). "Is Labor Income Responsible for Poverty Reduction? A Decomposition Approach". Policy Research Working Paper 6414. World Bank, Washington, DC.

[5] Bai, Y., Zhang, L., Liu, C., Shi, Y., Mo, D., Rozelle, S. (2018). Effect of Parental Migration on the Academic Performance of Left Behind Children in North Western China. The Journal of Development Studies 54, 1154-1170.

[6] Bardhan, Pranab (2009). "Economic reforms, poverty and inequality in China and India", in Kanbur, Ravi；Basu, Kaushik (eds.), Arguments for a better world: essays in honor of Amartya Sen Volume Ⅱ: Society, institutions and development, Oxford New York: Oxford University Press, pp. 350-364.

[7] Bardhan, Pranab. (2010). Awakening Giants, Feet of Clay: Assessing the Economic Rise of

China and India, Princeton University Press.

[8] Barrett, Christopher B., Luc Christiaensen, Megan Sheahan, Abebe Shimeles. (2017). "On the Structural Transformation of Rural Africa", *Journal of African Economies*, 26, 1: i11-i35.

[9] Barter, P. A. (2000). "Urban transport in Asia: Problems and prospects for high-density cities". Asia-Pacific Development Monitor, 2(1), 33-66.

[10] Benziger, Vincent (1993). "China's rural road system during the reform period", China Economic Review, 4 (1): 1-17.

[11] Bhattasali, Deepak, Li Shantong, Will Martin (2004). China and the WTO: accession, policy reform, and poverty reduction strategies (English). Washington, D.C.: World Bank Group.

[12] Björn A. Gustafsson, Li Shi and Terry Sicular. (2008). Inequality and Public Policy in China. Cambridge University Press, Cambridge.

[13] Biao, X., (2007). "How far are the left-behind left behind? A preliminary study in rural China". Population, Space and Place 13, 179-191.

[14] Bikales, B. (2021). "Reflections on Poverty Reduction in China", Swiss Agency for Development and Cooperation.

[15] Bosworth, B. and Collins, S. M. (2008). "Accounting for Growth: Comparing China and India", Journal of Economic Perspectives, 22(1), pp. 45-66.

[16] Burton, A. (2000). Wahuni, the undesirables: African urbanisation, crime and colonial order in Dar es Salaam, 1919-1961 (Doctoral dissertation, SOAS University of London).

[17] Cassou, E., S.M. Jaffe and R. Jiang. 2018. "The Challenge of Agricultural Pollution: Evidence from China, Vietnam, and the Philippines". Directions in Development—Environment and Sustainable Development. Washington, DC: World Bank.

[18] Center for International Knowledge on Development (2022).

[19] Chai, Yuan Philip G. Pardeya, Connie Chan-Kang, Jikun Huang, Kyuseon Lee and, Wanlu Dong. (2019). "Passing the food and agricultural R&D buck? The United States and China". Food Policy, Volume 86, July 2019.

[20] Chatterjee, S. (2005). "Poverty Reduction Strategies—Lessons from the Asian and Pacific Region on Inclusive Development", Asian Development Review 22: 12-44

[21] Chen, A. and Coulson, N. E. (2002). "Determinants of Urban Migration: Evidence from Chinese Cities", Urban Studies, 39(12), pp. 2189-2197.

[22] Chen, Shaohua & Ravallion, Martin. (2004). "Household welfare impacts of China's accession to the World Trade Organization". In Bhattasali, Li and Martin, eds., China and the WTO: Accession, Policy Reform and Poverty Reduction Strategies. New York, NY: Oxford University Press, pp. 261-282.

[23] Chen, X., Huang, Q., Rozelle, S., Shi, Y., Zhang, L. (2014). Effect of Migration on Children's Educational Performance in Rural China, in: Brada, J.C., Wachtel, P., Yang, D.T. (Eds.), China's Economic Development, Palgrave Readers in Economics. Palgrave Macmillan UK, London, pp. 206-224.

[24] Chen, Y. and S. Feng. (2009). "Parental Education and Wages: Evidence from China". IZA Discussion Paper No. 4218.

[25] Christiansen, Luc. (2012). The role of agriculture in modernizing society. Food, farms and fields in China 2030. World Bank.

[26] Costa, D., Burlando, P., & Priadi, C. (2016). "The importance of integrated solutions to flooding and water quality problems in the tropical megacity of Jakarta". *Sustainable Cities and Society,* 20, 199-209.

[27] Cai, Fang and Yang Du. (2011). "Wage increases, wage convergence, and the Lewis turning

point in China", China Economic Review, 22 (4): 601-610.

[28] Cai, Fang, Ross Garnaut and Ligang Song. (eds) (2018), China's 40 years of reform and development, 1978-2018. Canberra: ANU Press.

[29] Cai, Fang. (2017). "Reform effects in China: A perspective of labor reallocation." Economic Research Journal 7: 4-17.

[30] Davis, J. (2020). "Education and Global Urbanisation". *Urban Schools* (pp. 10-19). RIBA Publishing.

[31] de Brauw, A. and Mu, R. (2011). "Migration and the overweight and underweight status of children in rural China", Food Policy, 36(1), pp. 88-100.

[32] de Brauw, A., Huang, J. and Rozelle, S. (2004), "The sequencing of reform policies in China's agricultural transition", The Economics of Transition 3: 427-465.

[33] Deng Q. and Li Shi. (2010). "Wage Structure and Inequality of Local and Migrant workers in urban China," in X. Meng and C. Manning, The Great Migration, Northampton (USA), Edward Elgar, 2010.

[34] Dixon, Eric L. and Gill, Indermit S. (2021), "Poverty in China as its Economy Nears High Income: Lessons from Japan, South Korea and the United States During Their Upper-Middle Income Transitions." Duke Global Working Paper Series No. 34.

[35] DRC and the World Bank (2019). Innovative China: New Drivers of Growth. Washington, D.C.: World Bank Group.

[36] Du, Y., Park, A. and Wang, S. (2005). "Migration and rural poverty in China", Journal of Comparative Economics, 33(4), pp. 688-709.

[37] Ezeh, A., Oyebode, O., Satterthwaite, D., Chen, Y. F., Ndugwa, R., Sartori, J., ... & Lilford, R. J. (2017). The history, geography, and sociology of slums and the health problems of people who

live in slums. The lancet, 389(10068), 547-558.

[38] Fan, Gang & Chen Yu. (2005). Transitional Hybrids: Development of TVEs and Institutional Transition in China. China Economic Quarterly, 4(4).

[39] Fan, Shenggen, and Connie Chan-Kang. (2005). "Road Development, Economic Growth, and Poverty Reduction in China." 138. Research Reports. International Food Policy Research Institute (IFPRI).

[40] Fan, Shenggen, Linxiu Zhang, and Xiaobo Zhang. (2004). "Reforms, Investment, and Poverty in Rural China." Economic Development and Cultural Change 52 (2): 395-421.

[41] Freije-Rodriguez, Samuel and Fuchang Zhao. 2019. "Public Expenditures under the 2011-2020 Poverty Reduction strategy in China." EDITED VOLUME, World Bank- CIKD.

[42] Freije-Rodriguez, Samuel, Bert Hofman and Lauren Johnston. (2019). "Forty Years of China's Reforms, Poverty Reduction and the World Bank." East Asian Institute Working Paper.

[43] Gale, F. (2013). "Growth and Evolution in China's Agricultural Support Policies". Economic Research Report -153. U.S. Department of Agriculture, Economic Research Service, August 2013.

[44] Gan, Shiming. (2003). Statistics of Chinese Township and Village Enterprises (1978-2002). Beijing: China Agriculture Press.

[45] Giles, John and Murtazashvili, I. (2013). "A Control Function Approach to Estimating Dynamic Probit Models with Endogenous Regressors", Journal of Econometric Methods, 2(1), pp. 69-87.

[46] Giles, John and Ren Mu (2021). "Migration, growth and poverty reduction in China's villages: A retrospective and discussion of future challenges". EDITED VOLUME, World Bank-CIKD.

[47] Giles, John, X. Meng, S. Xue, G. Zhao. (2021). Can information influence the social insurance participation decision of China's rural migrants? Journal of Development Economics, 150: 102645.

[48] Godfrey, Richard, and Marlene Julien. "Urbanisation and health." Clinical Medicine 5.2 (2005): 137.

[49] Golan, John, T. Sicular and N. Umapathi. (2017). "Unconditional Cash Transfers in China: Who Benefits from the Rural Minimum Living Standard Guarantee (Di bao) Program?" World Development, Vol. 93, pp.316-336.

[50] Gollin, Douglas, Remi Jedwab and Dietrich Vollrath. (2016). "Urbanization with and without industrialization," Journal of Economic Growth, 21(1): 35-70.

[51] Gong, P., Liang, S., Carlton, E. J., Jiang, Q., Wu, J., Wang, L., & Remais, J. V. (2012). Urbanisation and health in China. The Lancet, 379(9818), 843-852.

[52] Guang, Y., Feng, Z., Yang, G., Yang, Y., Wang, L., Dai, Q., Hu, C., Liu, K., Zhang, R., Xia, F., Zhao, M. (2017). Depressive symptoms and negative life events: What psycho-social factors protect or harm left-behind children in China? BMC Psychiatry 17, 402.

[53] Guo, Junping, Tan, Qingxiang, and Qu, Song. (2018). "The Poverty of Rural Migrant Families: An Analytical Framework From the Perspectives of Income, Consumption and Multi-dimensions." China Rural Economy (9): 1-16.

[54] Hajj, Hatim and Setty Pendakur. (2000). "Roads Improvement for Poverty Alleviation in China". EASTR. Working Paper 1. Transport Sector Unit. East Asia and Pacific Region. The World Bank.

[55] Hamnett, C. (2020). "Is Chinese urbanisation unique?". *Urban Studies*, 57(3), 690-700.

[56] Harrell, S., Yuesheng, W., Hua, H., Santos, G. D., & Yingying, Z. (2011). "Fertility decline in

rural China: a comparative analysis". Journal of family history, 36(1), 15-36.

[57] Heilig G., Z. Ming, L. Huaolou, L. Xiubin and W. Xiuqin. 2005. "Poverty Alleviation in China: A Lesson for the Developing World?" Paper presented at the International Conference on the West Development. August 2-4, 2005, Urumqi, China.

[58] Hell, Natalie and Scott Rozelle. (2020). Invisible China: How the Urban-Rural Divide Threatens China's Rise. University of Chicago Press.

[59] Herd, Richard. (2020). "Estimating Capital Formation and Capital Stock by Economic Sector in China: The Implications for Productivity Growth." Policy Research Working Paper No. 9317. World Bank, Washington, DC.

[60] Hertel, Thomas, Fan Zhai, and Zhi Wang. (2004). "Implications of WTO Accession for Poverty in China." In Bhattasali, Li and Martin, eds., China and the WTO: Accession, Policy Reform and Poverty Reduction Strategies. New York, NY: Oxford University Press, pp. 283-303.

[61] Hu, F. (2012). Migration, remittances, and children's high school attendance: The case of rural China. International Journal of Educational Development 32, 401-411.

[62] Hu Lipeng, Gong Gang, and Xu Jianguo. (2016). "Re-measurement of China's infrastructure stock." Economic Research 51 (08):172-186.

[63] Huang, B., Lian, Y., Li, W. (2016). How far is Chinese left-behind parents' health left behind? China Economic Review, Special Issue on Human Capital, Labor Markets, and Migration 37, 15-26.

[64] Huang, Philip. (1985). The peasant economy and social change in North China, Stanford University Press.

[65] Huang, Jikun and Rozelle, Scott. (1996). "Technological change: The re-discovery of the

engine of productivity growth in China's rice economy", Journal of Development Economics 49: 337-369.

[66] Huang, Jikun and Rozelle, Scott. (2018). "China's 40 years of agricultural development and reform." In Garnaut, R., Song, L., & Fang, C. (Eds.). China's 40 Years of Reform and Development: 1978-2018. Acton ACT, Australia: ANU Press.

[67] Huang, Yukon. (2017). Cracking the China Conundrum: Why Conventional Economic Wisdom Is Wrong. New York: Oxford University Press, 2017.

[68] Imam, A. U., & Banerjee, U. K. (2016). Urbanisation and greening of Indian cities: Problems, practices, and policies. Ambio, 45(4), 442-457.

[69] International Monetary Fund (IMF 2018). "Inequality in China- Trends, Drivers and Policy Remedies." By Sonali Jain-Chandra, Niny Khor, Rui Mano, Johanna Schauer, Philippe Wingender and Juzhong Zhuang. Asia and Pacific Department. IMF Working Paper 18/127.

[70] Jacoby. (2002). "Access to Markets and the Benefits of Rural Roads." Economic Journal Vol. 110(465): 713-737.

[71] Jalil, H. H., & Iqbal, M. M. (2010). Urbanisation and crime: A case study of Pakistan. The Pakistan Development Review, 741-755.

[72] Kanbur, Ravi and Xiaobo Zhang, eds. (2009). Governing Rapid Growth in China: Equity and Institutions. Routledge.

[73] Kanbur, Ravi, Yue Wang and Xiaobo Zhang. (2020). "The great Chinese inequality turnaround," Journal of Comparative Economics, in press.

[74] Kayaoglu, A., & Naval, J. (2017). Urbanisation, Education and the Growth Backlog of Africa. Journal of African Economies, 26(5), 584-606.

[75] Kinnan, C., Wang, S.-Y. and Wang, Y. (2018). "Access to Migration for Rural Households",

American Economic Journal: Applied Economics, 10(4), 79-119.

[76] Kuznets, S. (1955). "Economic Growth and Income Inequality". American Economic Review, 45(1), 1-28.

[77] Lavely, W., & Freedman, R. (1990). "The Origins of the Chinese Fertility Decline." Demography, 27(3), 357-367.

[78] Lewis, W. Arthur (1954). "Economic Development with Unlimited Supplies of Labor". The Manchester School. 22 (2): 139-191.

[79] Li, Shi, Peng Zhan, and Yanyang Shen. (2017). "New Patterns in China's Rural Poverty." CHCP Working Paper. London (Ontario): The University of Western Ontario, Centre for Human Capital and Productivity (CHCP), 2017.

[80] Li, Shi and Chunbing Xing. (2017). China's Key labor Market Trends, Challenges and Policy Implications: Employment, Wage Structure and Labor Productivity. Background paper for World Bank Programmatic ASA on Social protection and Jobs, 2017.

[81] Li, S., Sato, H., & Sicular, T. (Eds.). (2013). Rising Inequality in China: Challenges to a Harmonious Society. Cambridge: Cambridge University Press.

[82] Li, Xiaohua, and Wenxuan Li. (2018). "The Changing Comparative Advantages of China's Manufacturing in the Four Decades of Reform and Opening-Up." Southeast Academic Research, no. 5: 92-103.

[83] Liang, Z. (2016). "China's Great Migration and the Prospects of a More Integrated Society", Annual Review of Sociology, 42(1), pp. 451-471.

[84] Lin, Justin, Fang Cai, and Zhou Li. (2003). The China miracle: development strategy and economic reform. Hong Kong : Published for the Hong Kong Centre for Economic Research and the International Center for Economic Growth by the Chinese University Press, 2003.

[85] Lin, Yifu and Ren Tao (2002). "Issue of Chinese Farmers' Tax Burden". China Center for Economic Research, Peking University, 2002.6.

[86] Liu, Mingyue, Xiaolong Feng, Sangui Wang, and Huanguang Qiu. (2020). "China's Poverty Alleviation over the Last 40 Years: Successes and Challenges." Australian Journal of Agricultural and Resource Economics 64 (1): 209-228.

[87] Long, C. and Xiaobo Zhang. (2011). "Cluster-Based Industrialization in China: Financing and Performance", Journal of International Economics, 84 (1): 112-123.

[88] Lugo, Maria Ana, Chiyu Niu and Ruslan Yemtsov (2021). "China's poverty reduction and economic transformation: a decomposition approach ", EDITED VOLUME, World Bank-CIKD.

[89] Luo, Xubei and Niu, Chiyu. (2019). "E-Commerce Participation and Household Income Growth in Taobao Villages". World Bank Policy Research Working Paper No. 8811. Washington, DC: World Bank.

[90] Lustig, Nora and Yang Wang. (2020). "The Impact of Taxes and Transfers on Income Inequality, Poverty, and the Urban-Rural and Regional Income Gaps in China," Commitment to Equity (CEQ) Working Paper Series 93, Tulane University, Department of Economics.

[91] Merotto, Dino and Hanchen Jiang. (2021). "What was the impact of creating better Jobs for more people in China's economic transformation? What we know and questions for further investigation", EDITED VOLUME, World Bank- CIKD.

[92] Montalvo, Jose G., and Martin Ravallion. (2010). "The pattern of growth and poverty reduction in China." Journal of Comparative Economics, 38(1): 2-16.

[93] Moretti, Enrico. (2012). The New Geography of Jobs. Houghton Mifflin Harcourt.

[94] Naughton, Barry. (2007). The Chinese Economy: Transitions and Growth. MIT Press Books.

The MIT Press.

[95] Naughton, Barry. (2018). The Chinese Economy: Adaptation and Growth, second edition, MIT Press Books.

[96] Naughton, Barry. (2017). Is China Socialist? Journal of Economic Perspectives, 31 (1): 3-24.

[97] Nyambod, E. M. (2010). Environmental consequences of rapid urbanisation: Bamenda City, Cameroon. Journal of Environmental Protection, 1(01), 15.

[98] National Bureau of Statistics of China. 2001. Statistical Yearbook 2001. Beijing: China Statistical Press.

[99] National Bureau of Statistics of China. 2002. Statistical Yearbook 2002. Beijing: China Statistical Press.

[100] National Bureau of Statistics of China. 2010. Statistical Yearbook 2010. Beijing: China Statistical Press.

[101] National Bureau of Statistics of China. 2020. Statistical Yearbook 2020. Beijing: China Statistical Press.

[102] OECD (2018). "Innovation, Agricultural Productivity and Sustainability in China. Working Party on Agricultural Policies and Markets." Trade and Agricultural Directorate Committee for Agriculture. Organisation for Economic Co-operation and Development.

[103] Ooi, G. L. (2009). Challenges of sustainability for Asian urbanisation. Current opinion in environmental sustainability, 1(2), 187-191.

[104] Ooi, G. L., & Phua, K. H. (2007). Urbanization and slum formation. Journal of Urban Health, 84(1), 27-34.

[105] Rahman, H. (1985). Urbanisation and the Problem of Slums in Bangladesh. *Community Development Journal,* 20(1), 52-57.

[106] Raiser, Martin. (1995). "'Transition is a bridge, therefore do not dwell upon it'1," The Economics of Transition, The European Bank for Reconstruction and Development, vol. 3(2) 215-246.

[107] Ravallion, M. (2011). "A Comparative Perspective on Poverty Reduction in Brazil, China, and India." The World Bank Research Observer, 26(1), 71-104.

[108] Ravallion, Martin, and Shaohua Chen. (2007). "China's (uneven) progress against poverty." Journal of Development Economics, 82: 1-42.

[109] Ravallion, Martin. (2009). "Are There Lessons for Africa from China's Success Against Poverty?," World Development, 37(2): 303-331.

[110] Ravallion, Martin. (2021). "Poverty in China since 1950: A Counterfactual Perspective." NBER Working Paper No. 28370 January 2021.

[111] Riskin, Carl. (1987). China's Political Economy: The Quest for Development since 1949. Oxford University Press.

[112] Rodrik, Dani. (2016). "Premature deindustrialization," Journal of Economic Growth, 21(1): 1-33.

[113] Rozenberg,Julie and Marianne Fay. (2019). Beyond the Gap: How Countries Can Afford the Infrastructure They Need while Protecting the Planet. Washington, D.C.: World Bank Group.

[114] Sachs, Jeffrey, and Wing They Woo. (1994). "Structural factors in the economic reforms of China, Eastern Europe, and the Former Soviet Union". Economic Policy, 9(18), 101-145.

[115] Sclar, E. D., Garau, P., & Carolini, G. (2005). The 21st century health challenge of slums and cities. *The Lancet,* 365(9462), 901-903.

[116] Sicular, Terry, and Yaohui Zhao. (2004). "Earnings and Labor Mobility in Rural China: Implications for China's Accession to the WTO." In Bhattasali, Li and Martin, eds., China

and the WTO: Accession, Policy Reform and Poverty Reduction Strategies. New York, NY: Oxford University Press, pp. 239-260.

[117] Song, Hongyuan. (2018). Evolution of China's Agricultural and Rural Economic Policies Since Reform and Opening-Up, China Economic Publishing House (in Chinese), quoted in OECD (2018).

[118] Song, Q. (2017). Aging and separation from children: The health implications of adult migration for elderly parents in rural China. Demogr Res 37, 1761-1792.

[119] State Council. (2021). Poverty Alleviation: China's Experience and Contribution. The State Council Information Office of the People's Republic of China.

[120] Straub, Stephane. (2008). "Infrastructure and Growth in Developing Countries: Recent Advances and Research Challenges". World Bank Policy Research Working Paper No. 4460. Washington, DC: World Bank.

[121] Tang, W., Wang, G., Hu, T., Dai, Q., Xu, Jiajun, Yang, Y., Xu, Jiuping. (2018). Mental health and psychosocial problems among Chinese left-behind children: A cross-sectional comparative study. Journal of Affective Disorders 241, 133-141.

[122] Tombe, T. and Zhu, X. (2019). "Trade, Migration, and Productivity: A Quantitative Analysis of China", American Economic Review, 109(5), pp. 1843-1872.

[123] Tong, T., Yu, T.-H., Cho, S.-H., Jensen, K. and D. D. Ugarte. (2013). "Evaluating the Spatial Spillover Effects of Transportation Infrastructure on Agricultural Output across the United States," Journal of Transport Geography, 30, 47-55.

[124] Tang, Lixia, and Yang Liu. 2020. "Analysis on Development and Evolution of Chinese Targeted Poverty Alleviation." Journal of Hubei University (Philosophy and Social Science) 47 (5): 133–41.

[125] Uchida, Emi, Xu, Jintao and Scott Rozelle. (2004). "Grain for Green: Cost Effectiveness and Sustainability of China's Conservation Set-Aside Program." Department of Agricultural and Resource Economics, University of California and Center for Chinese Agriculture Policy, CAS.

[126] United Nations United Nations Development Programme and Oxford Poverty and Human Development Initiative. 2020. Global Multidimensional Poverty Index 2020. Charting pathways out of multidimensional poverty: Achieving the SDGs. New York and Oxford.

[127] Van der Bruggen, B., Borghgraef, K., & Vinckier, C. (2010). Causes of water supply problems in urbanised regions in developing countries. Water resources management, 24(9), 1885-1902.

[128] Wang, Meiyan, Qu Xiaobo and Jia Peng. (2017). "Roles of Rural Di bao/Social Assistance and Area-Based Antipoverty programs in Eradicating China's Rural Poverty." Institute of Population and Labor Economics, Chinese Academy of Social Sciences (CASS).

[129] Wang, Y.-Y., Xiao, L., Rao, W.-W., Chai, J.-X., Zhang, S.-F., Ng, C.H., Ungvari, G.S., Zhu, H., Xiang, Y.-T. (2019). The prevalence of depressive symptoms in "left-behind children" in China: a meta-analysis of comparative studies and epidemiological surveys. Journal of Affective Disorders 244, 209-216.

[130] Wang, Sangui, Zhou Li, and Yanshun Ren. 2004. "The 8-7 National Poverty Reduction Program in China: The National Strategy and Its Impact." World Bank Group, Washington, DC.

[131] Wang, Sangui, Albert Park, Shubham Chaudhuri, and Gaurav Datt. 2007. "Poverty Alleviation and Community-Based Development in China." Journal of Management World 1: 56–64.

[132] Westmore, B. (2017). "Do government transfers reduce poverty in China? Micro evidence

from five regions", OECD Economics Department Working Paper 1415.

[133] World Bank. (1992). China - Strategies for reducing poverty in the 1990s. Washington, DC: World Bank.

[134] World Bank. (1997). China 2020: Development Challenges in the New Century. Ed: Vikram Nehru, Aart Kraay Xiaoqing Yu. Washington, DC: World Bank.

[135] World Bank. (2001). *China: Overcoming Rural Poverty*. A World Bank country study. Washington, DC.

[136] World Bank. (2007). *China and The World Bank.* A Partnership for Innovation.

[137] World Bank. (2009). China - From poor areas to poor people: China's evolving poverty reduction agenda - an assessment of poverty and inequality (English). Washington, DC: World Bank.

[138] World Bank. (2017). World Development Report 2017: Governance and the Law. Washington, DC: World Bank.

[139] World Bank. (2018a). Poverty and Shared Prosperity 2018: Piecing Together the Poverty Puzzle. Washington, DC: World Bank.

[140] World Bank. (2018b). China - Guangxi Poverty Reduction Program-for-Results Project (English). Washington, D.C.: World Bank Group.

[141] World Bank. (2019a). Jobs and Economic Transformation (JET)—Drivers, Policy Implications and World Bank Group Support. Washington, DC: World Bank.

[142] World Bank. (2019b). Balancing Workers' Protection and Labor Market Flexibility in China. Ed. by Achim Schmillen, Dewen Wang and Josefina Posadas. Washington, DC: World Bank.

[143] World Bank. (2019c). On the Path to High Quality Growth Priorities and Policy Options for the 14th Five Year Plan. Policy Note.

[144] World Bank. (2020). Infrastructure in Asia and the Pacific: Road Transport, Electricity, and Water and Sanitation Services in East Asia, South Asia, and the Pacific Islands. World Bank, Washington, DC.

[145] World Bank. (2021a). Eco-compensation in China's Evolving Environmental Management Regime: Status and Trends, and Prospects for River Basin Management. The World Bank, Washington, D.C.

[146] World Bank. (2021b). Social assistance programs in China: current state and directions for reform. Technical Note. The World Bank, Washington, D.C.

[147] World Bank and Alibaba Group. (2019). E-commerce Development: Experience from China: Overview. Washington, D.C.: World Bank Group.

[148] World Bank and Development Research Center of the State Council (DRC). (2013). China 2030, Building a Modern, Harmonious, and Creative Society. Washington, D.C.: The World Bank.

[149] World Bank and Development Research Center of the State Council (DRC). (2014). Urban China: Toward Efficient, Inclusive, and Sustainable Urbanization. Washington, D.C.: The World Bank.

[150] World Bank and Development Research Center of the State Council (DRC). (2019). *I*nnovative China: New Drivers of Growth. Washington, DC: World Bank

[151] World Bank and World Health Organization (WHO). (2016). Healthy China: Deepening Health Reform in China. World Bank, World Health Organization, Ministry of Finance, National Health and Family Planning Commission, Ministry of Human Resources and Social Security.

[152] Xue Zhicheng. (2002). The role of agricultural mechanization in grain production. Shandong

Agricultural Mechanization, 7.

[153] Yang, G., Bansak, C. (2020). Does wealth matter? An assessment of China's rural-urban migration on the education of left-behind children. China Economic Review 59, 101365.

[154] Yang, T., Li, C., Zhou, C., Jiang, S., Chu, J., Medina, A., Rozelle, S. (2016). Parental migration and smoking behavior of left-behind children: evidence from a survey in rural Anhui, China. Int J Equity Health 15.

[155] Yi, F., Liu, C., Xu, Z. (2019). Identifying the effects of migration on parental health: Evidence from left-behind elders in China. China Economic Review 54, 218-236.

[156] Yu, N., de Jong, M., Storm, S. and J. Mi. (2013). "Spatial Spillover Effects of Transport Infrastructure: Evidence from Chinese Regions," Journal of Transport Geography, 28, 56-66.

[157] Zhang, X. Q. (2016). The trends, promises and challenges of urbanisation in the world. Habitat international, 54, 241-252.

[158] Zhang, Xiaobo Jin Yang and Shenglin Wang. (2011). "China has reached the Lewis turning point", China Economic Review, 22 (4): 542-554.

[159] Zheng, Yongnian and Yanjie Huang. (2018). Market in State: The Political Economy in China. Cambridge University Press.

[160] Zhou, C., Sylvia, S., Zhang, L., Luo, R., Yi, H., Liu, C., Shi, Y., Loyalka, P., Chu, J., Medina, A., Rozelle, S. (2015). "China's Left-Behind Children: Impact of Parental Migration on Health, Nutrition, And Educational Outcomes". Health Affairs 34, 1964-1971.

[161] Zhu, Ling and Jiang, Zhongyi. (2002). The Food-for-Work Policy and Expansion of Rural Employment in Poor Areas in Western China. Employment-Intensive Infrastructure Programmes: Socio-Economic Technical Paper (SETPno. 16), Geneva, International Labour Office (ILO), 2004.

[162] Zhu, Ling, and Wei He. (2018). “Forty Years’ Rural Poverty Reduction in the Chinese Industrialization and Urbanization.” Studies in Labor Economics 6 (4): 3-31.

[163] Zhu, Ling. (1997). Poverty alleviation during the transition in rural China. UN World Institute doe Development Economics Research (WIDER), April 1997.

[164] Zhu, Xiaodong. (2012). “Understanding China’s Growth: Past, Present, and Future.” Journal of Economic Perspectives, 26 (4): 103-24.

[165] Zhuo, Xian, and Jin Huang. (2019). “Stabilizing the manufacturing employment is the key way towards stable Employment.” Beijing: Research Report of Development Research Center of the State Council.

附录：重点住户调查

本报告中关于家庭和个人福利情况的分析广泛使用一些调查数据，本附录描述了其主要特征。

中国住户收支与生活状况调查。该调查由中国国家统计局负责开展，用于获取全国各地区城乡居民收入、消费以及生活状况信息。住户调查对象为所有城镇地区和农村地区住户。2012 年前，国家统计局实行分城乡调查。2013 年，城乡住户调查被整合为一个整体调查，抽样框由以户籍信息为基础改为以人口普查为基础。因此，在某个城市连续工作并居住满 6 个月的农民工被划为城镇居民。调查户使用日记账和问卷调查相结合的方式记录全年的收入和支出信息。本调查用于衡量人均可支配收入、人均支出、农村贫困发生率、基尼系数等关键指标。调查结果见国家统计局每年出版的《中国统计年鉴》和《中国住户调查年鉴》。欲了解更多信息，请参阅 http://www.stats.gov.cn/tjzs/cjwtjd/201308/t20130829_74325.html。

中国农村贫困监测调查。中国国家统计局对《中国农村扶贫开发纲要（2011—2020 年）》中确定的农村贫困地区（开展调查的县有 756 个）进行了和住户收支与生活调查类似的入户调查。目的是反映集中连片特困地区和扶贫开发重点县的贫困状况，比较贫困地区和全国农村居民的收入增长、基础设施和基本公共服务等方面的情况。这些结果均发布于国家统计局每年发布的《中国农村贫困监测报告》。

农村固定观察点数据（RCRE），由中国农业农村部农村经济研究中心开展。此调查开始于1986年，是一项具有代表性的全国农村住户调查。调查通过住户每日明细收集有关收入和支出的详细信息，以及有关教育、劳动力供应、资产、土地所有权、储蓄、正式和非正式信贷渠道及汇款等方面的信息。该调查基本可以涵盖中国农村的大部分地区。

中国乡城人口流动调查（RUMiC）是一项纵向调查，自2008年以来每年进行一次。该调查由澳大利亚国立大学、昆士兰大学和北京师范大学的研究人员发起，收集有关流动人口的健康、教育、就业、社交网络、家庭收入和支出、住房条件和原籍地的数据。每年的样本包括居住在9个主要流动人口迁入省份15个城市的5000户流动人口家庭。更多信息请参阅 https://sdc-iesr.jnu.edu.cn/wome_16220/main.htm。

中国家庭收入调查（CHIP）。该项目由北京师范大学中国收入分配研究院发起，与国家统计局共同开展，共进行了6轮（1988年、1995年、2002年、2007年、2013年和2018年）调查。该调查具备城市、农村、四大经济区域代表性。[①] 当缺少长期微观数据时，这一调查数据是替代官方数据的很好选择。该调查样本是中国住户收支与生活状况调查的子样本。中国家庭收入调查团队会向住户发放问卷收集有关户口登记、教育、社会保险、就业和工作特征、退休、主观幸福感等问题。更多信息请参阅 http://www.ciidbnu.org/chip/index.asp?lang=EN。

① Gustaffson, Shi and Sicular（2008）and Li, Sato and Sicular（2013）.